企業のリスクを可視化する
事業性評価のフレームワーク

山内基弘
土田 篤

[著]

Analytical framework of business potential
visualizing corporate risks

一般社団法人 金融財政事情研究会

はじめに

　ある地方銀行において、「事業性評価」をテーマに研修をした時の話です。その日は研修の初日で、始まってすぐに新規事業の融資案件の初期判断に関するケーススタディを出題しました。

　私たちの研修は通常ケーススタディを多用し、研修を通して学んでほしいことを、実際に自ら考えていただくようにしています。座学を聞いてわかった気分になっても、現場に戻って使えないのでは、せっかくの研修が役に立ちません。そこで私たちは、ケーススタディを用いて、受講者の皆様が"体感し、体得する"ことをねらいとしています。

　ケースの内容は、既存の融資先が新たな事業を検討し始め、それに対する融資の可能性について、初期的な打診があったという想定です。まだ具体的な事業計画等はなく、あくまでも構想段階という前提です。

　それぞれのグループに分かれて検討し、検討結果を発表していただいた後に、受講者の皆様に「もし融資先がこのような話をもってきたら、どう思うか」と尋ねました。つまり、「これは新規融資のチャンスだ」とポジティブにとらえるか、「融資先がよくわからない事業に手を出そうとしている」とネガティブにとらえるかという問いです。挙手を求めたところ、ほとんど全員の方がネガティブと答えました。

　研修の最終日になって、内容は異なりますが、同じような新規事業の融資案件に対する初期判断のケーススタディを出題しました。同様にグループに分かれて検討をしていただき、検討結果を発表していただいた後、「もし融資先がこのような話をもってきたら、どう思うか」と同じ質問をしました。すると今回はポジティブな回答がネガティブな回答を上回りました。なぜこのような変化が起きたのでしょうか。

　受講者の皆様には研修を通して、事業性の見方のフレームワーク等を紹介し、事業性評価において"みるべきポイント"を学んでいただきました。そ

のため最終日には、受講者の皆様には、その身につけた考え方、判断基準に沿って、事業の有望性を判断していただけたと思います。

一方、初日にほとんどの方がネガティブと答えたのは「みえないものへのおそれ」です。自分で判断基準をもたないものに取り組むのは危険だと感じる、不確実性に対するリスク認識です。

加えて、長年デフレ環境下において縮小マーケットを見続けている経験から「あえてリスクを冒すより保守的な選択をするほうが賢明」という感覚が、自然と身についていることもあるでしょう。

しかし、研修を通して"事業性評価のみるべきポイント"を理解した受講者の皆様は、案件全体を何となくリスクとみるのではなく「この案件は、ここと ここがリスクだな」とリスクの所在を的確に絞り込めるようになっていただけたと思います。その結果、最終日にはそのリスクなら許容できると判断された方が増えたのではないかと思います。

私はこの時、金融機関の皆様に"事業性評価のみるべきポイント"を押さえていただけば、もしかしたらこれまで見過ごされていたような新規事業の融資案件を取り上げてもらえるチャンスが生まれるのではないかと、期待感のようなものを感じました。

地域経済がなかなか上向かないなか、地域金融機関を取り巻く経営環境は厳しく、業界再編による経営効率化が進もうとしています。しかしながら、業界再編後にまた、地域経済の縮小とともに業績が悪化することを避けるためには、金融機関としての本質的な競争力である"事業に対する目利き力"を強化する必要があります。

読者の皆様にとって、本書が"事業に対する目利き力"を高める一助となれば幸いです。

本書は地域金融機関の皆様を読者と想定して執筆しておりますが、"事業に対する目利き力"を強化したいと思われているすべての方にご参考にしていただける内容になっていると自負しております。

事業会社において新規事業を立案される方、既存事業の立て直しを担う

方、またはM&A等の事業投資にかかわる方にも役立つヒントがあると思います。ぜひご一読のうえ、何か1つでも読者の皆様の役に立てることがあれば幸いです。

　平成29年1月

土　田　　篤

【著者略歴】

EYアドバイザリー・アンド・コンサルティング株式会社

EYアドバイザリー・アンド・コンサルティングは、監査、税務、トランザクション、アドバイザリーなどの分野において世界的なリーダーであるEYのメンバーファームである。経営戦略の策定、業務・組織改革、日本企業の海外進出など、企業の経営課題を解決に導くアドバイザリーサービスを行うプロフェッショナルファームであり、グローバルファームならではの洗練されたサービスと、国内外の市場環境や業種、業務に精通したスペシャリストチームの総合力によって、数多くのクライアントの持続的成長に寄与している。

山内　基弘（やまうち　もとひろ）

EYアドバイザリー・アンド・コンサルティング株式会社
取締役　パートナー
Japan Area PI（Performance Improvement）Leader兼Japan Area Strategy & Customer Leader
都市銀行に入行後、外資系コンサルティングファーム、外資系格付機関や外資系金融機関を経てEYアドバイザリー・アンド・コンサルティング株式会社の前身に当たるEYアドバイザリー株式会社の創立に参画、現在に至る。
都市銀行ではデリバティブズ・ディーリング業務に、外資系コンサルティングでは金融機関向けリスク管理サービスや事業再生案件に、格付機関や外資系金融機関では事業投資業務に従事。
金融機関の業務から、事業会社における事業戦略立案と実行推進、および投融資に至るまで幅広い知識を有する。
現在は、EYアドバイザリー・アンド・コンサルティング株式会社の取締役としてファーム経営の一端を担う。
一方、EY GlobalではJapan AreaのPI（Performance Improvement）領域のソリューション全体の統括責任者であり、PI領域のサービスの1つであるStrategy & Customerサービスの責任者も兼務。

土田　篤（つちだ　あつし）

EYアドバイザリー・アンド・コンサルティング株式会社
パートナー
Strategy & Customer Team, Corporate Strategy Leader
国内大手の総合化学メーカーから、BIG4系コンサルティングファーム、投資ファンド等を経て現職。
総合化学メーカーではSCM領域を担当。コンサルティングファームにおいては事業再生、M&Aほか事業戦略およびコーポレートファイナンス関連のプロジェクトに従事。投資ファンドにおいては投資検討および、取締役として投資先企業のマネジメントに従事。その後、財務戦略系ブティックファーム取締役を経て現職。
現在、EYアドバイザリー・アンド・コンサルティング株式会社において、Strategy & CustomerサービスにおけるCorporate Strategy領域をリード。企業の経営計画策定、海外展開・新規事業等の事業戦略にかかわるプロジェクトを中心に活動する。事業性評価に関するテーマで金融機関向けに多数講演。
米国公認会計士　証券アナリスト協会検定会員。

目　次

序章　なぜいま「事業性評価」か

1. 重要性を増す地域金融機関の役割 …………………………… 2
2. 伝承されない事業性評価のノウハウ ………………………… 3
3. 事業性評価の方法論化に向けて ……………………………… 4

第1章　事業性評価とは何をすればよいのか

1. 事業性評価に関する地域金融機関の悩み …………………… 8
2. コンサルティングの現場における事業性評価 ……………… 9
3. 事業に対する目利き力を高めるには ………………………… 10
4. 事業の成否は何で決まるか …………………………………… 11
5. 優れたアイディアや技術は利益を生むか …………………… 12
6. 事業を成功に導く方法とは何か ……………………………… 14
7. 地域金融機関における事業性評価の対象範囲 ……………… 16

第2章　ビジネスモデルの考え方

1. ビジネスモデルとは何か ……………………………………… 20
2. ビジネスモデルのフレームワーク …………………………… 22
3. 事業領域の考え方 ……………………………………………… 24
4. 事業構造の考え方 ……………………………………………… 28
5. 収益構造の考え方 ……………………………………………… 36

第3章 ビジネスモデルの有効性評価

1　ビジネスモデルの有効性をみる3つの観点 …………………………… 46
2　検討の網羅性チェック ………………………………………………… 48
3　事業領域のチェックポイント ………………………………………… 49
　① ターゲット顧客 ……………………………………………………… 49
　　a　ターゲットの明確性 ……………………………………………… 49
　　b　市場規模の適正性 ………………………………………………… 51
　　c　市場の成長性 ……………………………………………………… 51
　　d　市場ニーズの安定性 ……………………………………………… 52
　② 提供価値 ……………………………………………………………… 52
　　a　価値の影響度 ……………………………………………………… 52
　　b　価値の競争優位性 ………………………………………………… 53
　　c　価値の希少性 ……………………………………………………… 53
　　d　価値の模倣困難性 ………………………………………………… 53
4　事業構造のチェックポイント ………………………………………… 54
　① 経営資源 ……………………………………………………………… 54
　　a　経営資源の充足度 ………………………………………………… 54
　　b　経営資源の競争優位性 …………………………………………… 56
　　c　経営資源の補強可能性 …………………………………………… 56
　② 事業活動 ……………………………………………………………… 56
　　a　事業活動の充足度 ………………………………………………… 56
　　b　事業プロセスの具体性 …………………………………………… 57
　③ 顧客との関係性 ……………………………………………………… 57
　　a　顧客との関係の深度 ……………………………………………… 57
　　b　顧客基盤の安定性 ………………………………………………… 58
　　c　顧客基盤の拡張性 ………………………………………………… 58
　④ チャネル ……………………………………………………………… 58

		a　チャネルの有効性 ……………………………………… 59
	⑤	事業パートナー …………………………………………………… 59
		a　パートナー確保の確実性 ……………………………… 59
		b　機能の適合性 …………………………………………… 60
		c　パートナーとの関係性 ………………………………… 60
		d　パートナーの安定性 …………………………………… 61
		e　パートナーの代替可能性 ……………………………… 61
5	収益構造のチェックポイント ………………………………………… 61
	①	収　　入 …………………………………………………………… 62
		a　収入の網羅性 …………………………………………… 62
		b　収入の安定性 …………………………………………… 62
		c　収入の成長性 …………………………………………… 63
	②	コ ス ト …………………………………………………………… 64
		a　コストの網羅性 ………………………………………… 64
		b　コストの安定性 ………………………………………… 64
		c　営業レバレッジの適正性 ……………………………… 65
6	ビジネスモデルの整合性のチェック ………………………………… 66
	①	事業領域の合理性 ………………………………………………… 66
	②	提供価値と収入の関係性 ………………………………………… 68
	③	提供価値と事業構造の関係性 …………………………………… 70
	④	事業構造とコストの関係性 ……………………………………… 71
	⑤	事業構造の合理性 ………………………………………………… 71
	⑥	収益構造の合理性 ………………………………………………… 74
7	イリジウムはなぜ失敗したか ………………………………………… 75

第4章　ビジネスモデルの有効性評価における留意点

1　ビジネスモデルの有効性は外部環境に依存する …………………… 78

2	提供価値には賞味期限がある ……………………………………… 83
3	競争を勝ち抜く事業戦略の考え方 ………………………………… 85
4	事業ライフサイクルによるアプローチの違い …………………… 89
5	既存事業の改善可能性評価の留意点 ……………………………… 92
	① 窮境要因が「事実」に基づき十分に分析されているか ……… 93
	② 問題の本質（キー・メカニズム）が明らかになっているか … 95
	③ 問題点に対する合理的な施策が立案されているか …………… 97

第5章 事業計画の蓋然性評価

1	事業計画のみるべきポイント …………………………………… 100
	① 「行動計画」と「収益計画」の整合性 ………………………… 102
	② 「行動計画」と「経営資源の計画」の整合性 ………………… 104
	③ 「経営資源の計画」と「収益計画」の整合性 ………………… 105
2	収益計画のチェックにおける留意点 …………………………… 106

終章 融資における事業性評価の活用方法

1	事業性評価の効果 …………………………………………………… 112
2	実務における事業性評価の活用方法 ……………………………… 114

序章

なぜいま「事業性評価」か

1 重要性を増す地域金融機関の役割

　人口減少やそれに伴う地域経済の停滞に加え、長期にわたる超低金利環境の継続等、地域金融機関を取り巻く環境はますます厳しくなっています。金融庁が2016年9月にまとめた「金融レポート」によると、2025年3月期には、全国の地銀106行のうち6割を超える地銀が赤字となる見通しであり、今後さらなる業界再編の動きが予想されます。

　そのようななか、昨今各地域金融機関においては、将来の収益力強化に向けた「事業性評価」への取組みが本格化しつつあるように感じます。

　「事業性評価」とは、財務データや担保・保証に必要以上に依存することなく、取引先企業の事業内容や成長可能性などを適切に評価することであり、地域金融機関はこの事業性評価に基づき、融資や助言を行うことを求められています。

　事業性評価に基づく融資への取組みは、2014年9月に金融庁より発表された「金融モニタリング基本方針（平成26事務年度）」の「監督・検査」の重点施策の1つにあげられており、それ以来金融庁は一貫して、地域金融機関に対して、事業性評価の推進を求めてきました。

　ここで留意すべきは、地域金融機関が求められている役割に、事業性評価に基づく「融資」のみならず、「助言」と記されている点です。地域金融機関は融資先である地場の企業の事業性を適切に評価し、融資可否を判断するだけでなく、融資先の収益の改善や事業の成長を導くような「助言」をすることが求められています。つまり「資金」を出すだけではなく、積極的に「知恵」を出し、「コンサルティング機能」を発揮することが期待されています。

　私たちはコンサルタントの立場から、地域金融機関の皆様と会話をする機会が多数あり、また多くの地域金融機関の皆様に、講演等でお話させていた

だくこともあります。

　事業性評価のテーマに関しては、これまで地域金融機関の課題とは認識されつつも、まだ手探りの段階であったように思います。しかし、日銀のマイナス金利政策の発表等により、地域金融機関の収益見通しが厳しくなるなか、いよいよその取組みが本格化し始めているように感じています。

2　伝承されない事業性評価のノウハウ

　私たちが地域金融機関の皆様との会話のなかで「事業性評価」を話題にあげると、役員の方々やベテランの役職者の方々のなかには「そんなものは昔からやっている」とお答えになる方も少なからずいらっしゃいます。

　たしかに事業性も評価せずに、事業性資金の新規融資などできるはずがないというのもごもっともな話です。しかし、話が若手行員の話に及ぶと「相手の社長と仕事の話ができない若手が多い」「顧客のところに行っても、雑談して、金融商品の話をして帰ってくる」と少なからず物足りなさを感じているようです。つまり、「事業性評価」は若手行員にはまだまだ浸透していないとお考えのようです。

　これまでお話を伺っている限りでは、多くの地域金融機関では、「事業性評価」はまだ各個人の経験則に基づく"職人の技"になっており、それを仕組み化して、若手行員に伝承するような"型"にはなっていないようです。

　1つの大きな要因としては、融資業務のシステム化が進んだことがあげられます。財務分析もデータを入力すると分析データが自動的に得られるため、一つひとつ手作業で分析をしていた時代と比べれば、分析のロジック等に対する知識が弱くなりがちというのはあると思います。

　また体制面において、地域金融機関の皆様から「30代半ばの中間層が薄い」という声をよく聞きます。2000年代前半の新卒採用の抑制により、地域

金融機関の若手行員には数年後のロールモデルになるような近い年次の先輩が身近にいないという不幸がありました。若手行員にとっては、顧客に同行訪問する上司との年次が離れると、力量の差が大き過ぎて、技を盗むのも困難です。その結果、技術の伝承がうまく進んでいないという問題が起きているようです。

私たちは、この経済環境による「システム化による弊害」「中間層の薄さ」が事業性を見極める力の伝承・強化の弊害になっていないかというのを危惧しています。

このようななか、事業性評価を方法論化して、営業の現場で使えるものとするにはどうしたらよいのかという声にお応えしようというのが、本書の出発点となりました。

私たちはコンサルタントという立場から、多くの企業の事業性を見極め、収益を改善するための方策に日々知恵を絞ってきました。企業の業績を改善するためには、事業の現状を的確に見極め、適切な診断のもとに処方箋を出さなくてはなりません。

この事業の現状を見極める作業こそ、「事業性評価」にほかなりません。

私たちコンサルタントと地域金融機関の皆様の目線感は少し異なるかもしれません。しかし私たちが日常的に取り組んでいるこの「事業性評価」のアプローチをわかりやすく方法論化することは、地域金融機関の皆様が融資判断をしていくうえでなんらか役に立つのではないかと、私たちは考えました。

3　事業性評価の方法論化に向けて

本書では事業性評価のアプローチをわかりやすくするために、いくつかのフレームワークを用いて整理しています。これらはできる限り一般的なフ

レームワーク等を用いて、皆様がすでにもっている知識と実務をつなぎあわせられるように試みております。そのため方法論に斬新さはあまりないかもしれませんが、いままで何となく知ってはいたけれど使えていない知識を"使う力"が身につき、すぐに現場で役立てると感じていただけるかと思います。

　私たちはコンサルティングを業としてやっている以上、特定のクライアント企業のために、一定の期間集中的に業績改善に取り組むことができる立場におります。この点で地域金融機関の皆様がご担当企業に接するより、企業にじっくり向き合える恵まれた立場におりますので、本書で書かれていることすべてをそのままやるべきだと考えてはおりません。

　その点、あくまでも「コンサルタントの見方」として、1つの意見ととらえていただければ幸いですが、私たちがコンサルティングの現場で培った事業性を見極めるフレームワーク等の考え方は、地域金融機関の皆様にも役立つ内容になっているのではないかと考えております。

　地域金融機関の皆様には、単に事業性を評価し、融資を判断するだけでなく、融資先の収益の改善や事業の成長を導くような「コンサルティング機能」を発揮することが期待されています。

　ぜひ本書の内容を参考に、"事業に対する目利き力"を高め、1件でも多くの魅力ある事業を見出して、新たな地場産業の成長を支援し、ひいては地域経済の活性化に向けてご活躍いただきたいと思います。

第 1 章

事業性評価とは何をすればよいのか

1 事業性評価に関する地域金融機関の悩み

　私たちがこれまで、多くの地域金融機関の皆様と会話をしてきたなかで、事業性評価の取組みについて尋ねると、おおむねこのような反応が返ってきます。
① 事業性評価といっても、具体的に何をどこまでみればよいのかわからない（やってはいるけど、これでよいのかわからない）。
② 融資先の事業は多岐にわたるため、事業のどのようなポイントをみればよいのかわからない。
③ 金融機関の立場から、融資先の成長をどこまで支援するべきなのかわからない。
④ 各営業担当の案件数が多く個別案件の検討に十分な時間がとれない。

　たしかに一言で「事業性評価」といっても、融資先の企業の業種・業態はまちまちです。業種業態が違えば、みるべきポイントはそれぞれ異なるように思えます。何をどこまでみればよいのかわからないというのも当然でしょう。

　金融機関の皆様にとっては、財務の観点から融資先への助言をすることはお手のものです。しかし事業性については、担当融資先のすべての分野の専門性を持ち合わせることは実質的に不可能です。それぞれの事業の専門家である融資先に対して、どのような視点から助言をすればよいのかと疑問に思われるかと思います。

　さらに金融機関の皆様はそれぞれ担当する融資先を何十社ともっていらっしゃいますので、現実的な問題として、1社1社にかけられる時間は限られています。融資先の事業の中身をじっくりみる時間があれば、もっと踏み込んだいろいろな議論ができるのかもしれないけれど、そこに割く時間はない、どうしたら数多くの担当融資先を効率よく、かつ的確に見極めることが

できるのか、これは実に深刻な問題です。

2 コンサルティングの現場における事業性評価

　私たちはコンサルタントとして、多くの企業の問題解決や重要な意思決定にかかわってきておりますが、そのなかには、業績が悪化しているクライアントに対して、短期間で業績を改善する施策を考え、その後実行を支援するような業務があります。

　このような業務では、まずクライアントの事業の実態を分析し、現状を十分に把握したうえで、クライアントの事業の本質的な問題点を見極め、収益改善策を検討します。そしてこの検討結果に基づき、事業計画を策定し、将来業績がどの程度回復可能かを見極めます。

　このようなコンサルティング案件では、事業の現状分析から事業計画を作成するまでを通常1～3カ月程度で実施しますが、この短期間でまさにクライアントの事業に対する「事業性評価」に類することをしております。

　私たちはこのような、数多くの収益改善の支援業務を通して、「事業性評価」に類する経験を蓄積してきました。私たちはコンサルタントという立場から、クライアントの収益改善策を目的として、このような案件に取り組んできましたが、企業の中長期的なキャッシュフローを創出する力を見極めていく観点は、地域金融機関の皆様の与信判断と類似していると思います。

　私たちの用いるアプローチ、つまり短期間でその企業のもつ、事業の将来性や改善可能性を見極め、キャッシュフローを生み出す力を評価する方法は、地域金融機関の皆様の「事業性評価」に役立てるのではないかと考えています。

3 事業に対する目利き力を高めるには

「事業性評価」という言葉を聞くと、皆様は何をイメージされるでしょうか。

融資先の事業の良しあし、または事業の有望性に対する"目利き"をすることと考える方も多いのではないでしょうか。

事業性評価をすることは、既存融資先、新規の融資先を問わず、事業のもつ将来性を見極めるという点で、ある意味事業に対する"目利き"だといえます。

"目利き"という言葉を用いると、一般的には骨董品の鑑定のように特殊な鑑識眼を要するというイメージをもたれるかもしれません。しかし、そもそも鑑定とは、通常みる視点を定めて評価するものです。たとえば、ダイヤモンドの価値は4C、すなわちカット(研磨)、クラリティ(透明度)、カラット(重量)、カラー(色)の4つの要素で決まります。鑑定士が変わっても結果が大きく変わることがありません。

事業性の判断は、ダイヤモンドを4Cで評価するよりは、多面的かつ複雑な視点を要しますが、大切なのはみる視点を整えることです。それにより、評価結果に合理性が伴い、みる人の力量による結果の違いがなくなり、均質化されます。特に、経験があまり豊富でない方の質を向上させるには効果的でしょう。

そこで本書では、読者の皆様が企業の事業性の目利きをする際の、"みるべき視点"をフレームワーク化して解説しています。経験の浅い方には"みるべき視点"を学んでいただき、経験のある人には、あらためて、ご自身のものの見方を体系的に整理する機会にしていただきたいと思います。

経験豊富な方のなかにも、ご自身の経験による"見方のクセ"があると思います。人はだれしも、新たな問題や課題に直面したときに、まず過去の経

験に基づき考え、過去に成功したパターンを当てはめようとします。過去の経験が無意識に、解決策の方法や結論の方向性を偏らせてしまうのです。

しかし、その問題や課題を一歩引いて俯瞰的にみると、道はいくつもあり、よりよい道やもっと簡単な道があることが往々にしてあります。フレームワークを用いると、答えを探すときに全体を俯瞰的に構造的にとらえることができます。その結果、自分が直感的に思ったものと違う答えにたどり着くこともできます。経験豊富な方にはぜひ、もう一度ご自身のものの見方を整理し直すきっかけとしていただければと思います。

4 事業の成否は何で決まるか

事業の"目利き"とは何をどうみればよいのでしょう？

そもそも、うまくいく事業とそうでない事業はいったい何によって決まるのでしょうか。地域金融機関の皆様であれば、数多くの融資先の事業の成否を目の当たりにされてきていると思います。

それらの企業の状況を振り返ってみると"結果として"このようにしてうまくいった、このようにして失敗したという事例は数多く蓄積されているでしょう。しかし"結果として"どうであったかを説明するのと、"これから"この事業が成功するのかしないのかを見極めるのは、また難易度が違うと感じられると思います。

私たちもコンサルティングの現場で、クライアントの過去の事業の失敗要因を分析する際に、「これは後講釈になっていないか」ということを再三確認しますが、「後からは何とでもいえる」のです。

事業の成否に関しては、ある事業は急激な市況の悪化に見舞われたり、またある企業は競合企業との競争に敗れたりということがあるでしょう。また経営者の世代交代や、人材の流出による技術力の低下等もあるでしょうし、

かつては高い品質で市場をリードしてきた製品が、安いい海外製品に取って代わられる例もよくみられます。

このような結果を招く前に、事業のリスクを予見し、事業性の良否を見極めるには、何をチェックすべきでしょうか。市場の成長性、技術の優位性、競合企業の動向等々いろいろあると思います。

また近年ではテクノロジーの進化に伴って、イノベーションを起こすようなさまざまな事業が生まれています。事業の成功にはこのような素晴らしいアイディアが必要に思えますが、このようなアイディアがあれば、成功は約束されるのでしょうか。

5 優れたアイディアや技術は利益を生むか

1998年11月、北南極・エベレスト山頂・サハラ砂漠・太平洋上を含む世界中どこででも通話を可能とする衛星電話サービスが開始されました。1998年というと、私自身もまだ初めて買った携帯電話を所有していたと記憶していますが、日本国内の携帯電話所有率が50％を超えたのが、ちょうどこの年に当たります。当時は国内でも、携帯電話の普及と同時並行で通話エリアが拡大していったと記憶していますが、そのような時代に、世界中どこでも通話できる画期的なサービスがすでに開始されていたのです。

しかし、この画期的なサービスを展開した「イリジウム」はサービスを開始した翌年、1999年8月に連邦倒産法11章（いわゆるチャプターイレブン、日本でいう「民事再生法」のようなもの）を申請し、2000年3月にサービスを停止しました。これはいったいどういうことでしょうか。

技術経営（MOT：Management of Technology）の領域では、技術が収益を生むまでに、「魔の川」「死の谷」「ダーウィンの海」を越えなくてはならないといわれます。

「魔の川」とは、研究開発（Research & Development）における「研究（Research）」と「開発（Development）」の間に横たわる急流を意味します。研究開発プロジェクトで取り組まれている技術が、変化の激しい時代の流れ（魔の川）を乗り越え、単なる研究に終わらずに、製品化に向かえるかには、大きな関門があると考えられています。

「死の谷」とは、製品開発からそれを事業化する間の深い谷を意味します。事業化には、生産設備や販売チャネルを確保する必要がありますし、それにより、製品品質を安定的に保ち、コストを一定水準にコントロールしながら、必要量を販売することで、収益を生み出す仕組みを形成する必要があります。ここでは投じる資金や人的資金の規模も一段と大きくなり、投下した資金が枯渇しないうちに深い谷（死の谷）を越えて事業化していけるか、ここにも大きな関門があると考えられています。

「ダーウィンの海」とは、事業が立ち上げられてから安定収益化するまでの広大な海を意味します。事業が継続的に収益をあげるためには、市場に受容され、競合との厳しい競争に打ち勝たなくてはなりません。事業は立ち上げられたその瞬間から、この厳しい荒波が待つ大海（ダーウィンの海）での長い航海に乗り出さなくてはなりません。この厳しい自然淘汰の外部環境をダーウィンが唱えた自然選択説に倣って、「ダーウィンの海」と称しています。この生存競争もまた大きな関門と考えられています。

新たなビジネスがこれらの3つの大きな関門を乗り越えて成功するためには、素晴らしい技術やユニークなアイディアがあることは非常に大切ですが、当然ながら、それだけでは足りません。それが適切に製品化・商品化され、事業化され、安定収益化するにはいくつかの外してはいけないポイントがあります。

多くの企業の方々と新規事業の話をしていると、「これは当社にしかない素晴らしい技術なので、非常に有望な事業です」というような言葉を聞くことがあります。素晴らしい技術があるならば、それがどのような製品となり、どのようなかたちで顧客の役に立ち、顧客の支持を得るのか。そしてど

のような事業構造と収益構造により事業として成り立つのか。さらに、どのようにして並みいる競合他社との競争に打ち勝ち、安定的に利益を生むのか。これらが描けていない事業の成功は覚束ないといえるでしょう。

当然ながら、事業はやってみないとわからないという要素が多分にあります。しかし、事業として勝ち抜くためのゲームプランをもたず、とりあえずやってみるというのは、無謀な挑戦です。少なくとも事業を始めるうえでは、しっかりと勝算を立てる必要があります。

6 事業を成功に導く方法とは何か

それでは事業を成功に導くにはどのように検討を進めたらよいのでしょうか。

事業を立ち上げるには、通常以下のステップがあります（図1－1）。

① 事業アイディアの創出
② ビジネスモデルの構築
③ 事業計画の策定

「事業アイディアの創出」とは、事業の根幹となる固有のアイディアであり、新たな商品やサービスの開発や新たなマーケットの創造もしくは、新た

図1－1　新規事業検討のアプローチ

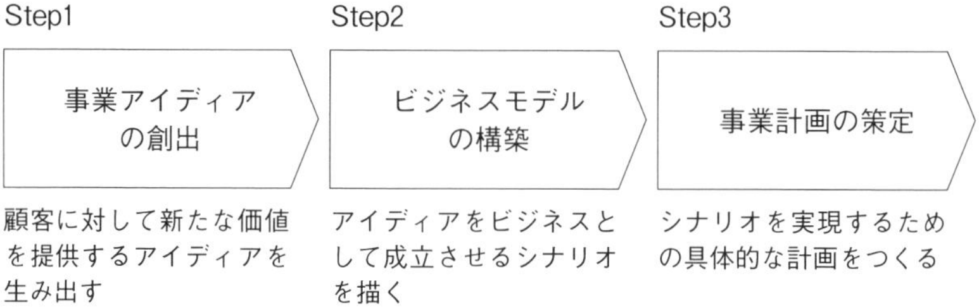

Step1	Step2	Step3
事業アイディアの創出	ビジネスモデルの構築	事業計画の策定
顧客に対して新たな価値を提供するアイディアを生み出す	アイディアをビジネスとして成立させるシナリオを描く	シナリオを実現するための具体的な計画をつくる

な売り方等さまざまな観点がありますが、一言でいうならば「商売のネタ」です。

イリジウムの例でいうならば、当時のテレビCMのキャッチコピーで「通話エリアは地球です」といわれていたように、「世界中どこでも通話できるようなサービスを提供すること」ということになります。

「ビジネスモデルの構築」とは、その事業アイディアを事業化するための具体的な設計図を描くことです。実際にビジネスに取り組むうえで、だれにどのような商品・サービスを提供していくのか、その商品・サービスは顧客が喜んで対価を支払うような便益を顧客にもたらすのか、それはどのようなプロセスで顧客に提供されるのか、その事業ははたして採算がとれるのか、等を考えていきます。

「事業計画の策定」とは、設計されたビジネスモデルを実際に実現するために、その道筋と手順を示すことです。そのビジネスモデルが実際に機能するためには、どれくらいの時間軸が必要なのか、その期間でだれが何をするのか、事業が成功するために必要な要素は何か、そのために必要な経営資源は何か、その経営資源はどのように手当するのか、具体的にそのビジネスが実現するためにどれだけの投資・費用が必要なのか、その結果どれだけの収益を見込むことができるか、等を考えていきます。

事業として成功を収めるためには、事業アイディアに基づき、優れたビジネスモデルの構築と蓋然性の高い事業計画の策定が必要です。優れた事業アイディアはビジネスが成功するための非常に重要な要素ではありますが、それだけでは収益に結びつくとは限りません。それにはイリジウムがよい例です。

適切な「事業アイディア」「ビジネスモデル」「事業計画」の3つがそろってはじめて、ビジネスの勝算を語ることができ、「魔の川」を渡り、「死の谷」を越え、「ダーウィンの海」に乗り出す条件が整えられるといえるでしょう。

7 地域金融機関における事業性評価の対象範囲

　事業の成功においては、「事業アイディア」「ビジネスモデル」「事業計画」の3つの要素が必要なのは前に述べました。それではこれらに基づき、金融機関が実施する事業性評価においては、どのようなことをすべきでしょうか。

　私たちがコンサルタントとして、第三者の視点から事業性を見極める場合には、これらの「事業アイディアの創出」「ビジネスモデルの構築」「事業計画の策定」が十分に考察されているかをチェックします。

　しかし「事業アイディアの創出」は通常、地域金融機関の皆様に相談する頃には検討がすんだ状況で持ち込まれると思います。実際に内容も案件ごとの個別性が高く、第三者から判断するにも専門性が求められますので、取引先の社内のみで検討がなされると思います。

　よって、地域金融機関の皆様が「事業アイディアの創出」に直接的にかかわる機会はあまりないと思います。

　一方、創出した事業アイディアを具体化する段階においては取引先からご相談を受けることもあるでしょうし、そのような話があれば、「ビジネスモデルの構築」「事業計画の策定」について積極的に関与していただきたいと思います。これらにおいて、十分な考察がなされているかどうか、第三者の視点からアドバイスすることは取引先にとって大変有益です。

　よって私たちは、金融機関における事業性評価は大きく2つの要素で構成されると考えています。1つは企業が構築するビジネスモデルに対する「ビジネスモデルの有効性評価」、もう1つは企業が策定する事業計画に対する「事業計画の蓋然性評価」です（図1−2）。

　しかし、この2つのうち「事業計画の蓋然性評価」については、財務的な要素が強くなるので、地域金融機関の皆様であれば、すでに実務経験が豊富

図1－2 事業性評価の構成要素

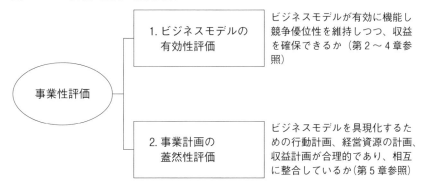

だと思います。よって、本書では「ビジネスモデルの有効性評価」に多くの頁を割き、詳細に解説していきたいと思います。

「事業計画の蓋然性評価」については、私たちが特に注意を要すると考えている点に絞って解説していきたいと思います。

「ビジネスモデルの有効性評価」については、まずビジネスモデルとは何か、ビジネスモデルの考え方を十分に理解していただく必要があります。よって、次章以降でまず、「ビジネスモデルの考え方」について解説し、その後に「ビジネスモデルの有効性評価」について説明していきたいと思います。

第2章

ビジネスモデルの考え方

1 ビジネスモデルとは何か

「ビジネスモデルの有効性評価」とは、対象となるビジネスが事業として成り立ち、競争優位性を保持しつつ、収益を確保していけるかを評価することです。

皆様もこの「ビジネスモデル」という言葉は、ビジネス上の会話のなかで耳にすることがあるかと思いますが、この「ビジネスモデル」という言葉ほど、定義があいまいなまま用いられている言葉はあまりありません。

私たちがよくクライアントや調査対象となる企業に「御社のビジネスモデルをお聞かせください」と質問すると、返ってくる答えは製品やサービス（売るもの）のユニークさであったり、ターゲット顧客層（売る先）の特徴であったり、製品やサービスの提供方法（売り方）や課金の仕方（儲け方）の斬新さであったりと、さまざまです。

皆様も「ビジネスモデルとは何ですか」と言葉の定義をあらためて聞かれると、明確に答えらえる方はおそらく少ないと思います。

それではビジネスモデルとはいったい何だと考えればよいでしょうか。本書ではまず「ビジネスモデル」の定義から、整理していきたいと思います。

私たちはビジネスモデルを「事業領域」「事業構造」「収益構造」の３つからなるビジネスの設計図ととらえています（図２－１）。

「事業領域」とは「だれにどのような価値を提供するか」を意味し、「事業構造」は「その価値をどのように提供するか」を意味します。そして「収益構造」は「それによっていかに稼ぐか」を意味します。

ビジネスモデルの有効性を評価するうえでは、これら３つがそれぞれ適切に設計されており、かつ全体として整合しており、ビジネスが継続的に成功するための勝算が成り立っていることを確認する必要があります。

よくビジネスモデルの話として、「新興国のＡ国には、まだこのニーズを

図2-1　ビジネスモデルの構成要素

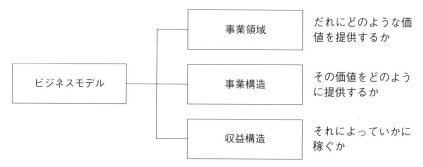

満たすような製品が普及していないので、いま現地にもっていけば、市場を押さえられる」という類いの話があります。これ自体はおもしろそうな話です。

　しかしこれは「事業領域」を説明しているという点ではビジネスモデルの一部を押さえていますが、あくまでもビジネスモデルの一部を語っているにすぎません。もしこの話を具体的に進めていくのであれば、今後「事業構造」や「収益構造」に関する議論を深めていく必要があります。

　もし皆様の取引先からこのような話があれば、「事業構造」や「収益構造」に関する検討を促し、しっかりとしたビジネスモデルもつくりあげる助言をすることが有益です。

　それにより、ビジネスの設計図が具体化し、事業化し、安定収益化する道筋がみえてくるのであれば、取引先にとって有益でしょう。そしてそれは、皆様にとっても融資案件としても検討しやすい案件になるのではないでしょうか。

2 ビジネスモデルのフレームワーク

　これまで述べてきたように、ビジネスモデルは「事業領域」「事業構造」「収益構造」の3つからなるビジネスの設計図です。それではその中身をより具体的に、ひもといていきたいと思います。

　図2－2がビジネスモデルのフレームワークです。本フレームワークはアレックス・オスターワルダーとイヴ・ピニュールが提唱している「ビジネスモデル・キャンバス」の9つの構成要素を参考に、事業性評価をするうえで皆様が理解しやすいように、整理し直してフレームワーク化しています。

　まずフレームワークをみていただくと、左側に自社、右側に顧客が配置さ

図2－2　ビジネスモデルのフレームワーク

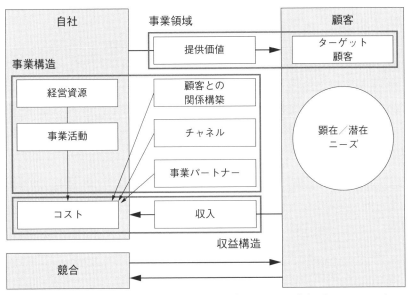

（出所）　アレックス・オスターワルダー＆イヴ・ピニュールの「ビジネスモデル・キャンバス」より編集

れています。顧客のなかには顕在的なニーズや潜在的なニーズが存在しますが、企業はまず、そのなかでも特定のニーズをもっていると思われる層を「ターゲット顧客」として絞り込み、その顧客層が求めるなんらかの価値を提供することを考えます。

　ここで提供される価値を「提供価値」といいます。ここで注意してほしいのは、提供するのはあくまでも"価値"であり、商品やサービスではありません。

　たとえば、皆様はAmazonを利用して本を購入することもあるかと思いますが、「Amazonは本屋ですか」と聞けば、そうとは答えないでしょう。私たちにとってのAmazonの「提供価値」は、商品をパソコンやスマートフォンで簡単に検索して、場合によって中古を含む価格を比較して、ワンクリックすれば家まで届く利便性です。「提供価値」とは販売する製品やサービスそのものではなく、顧客にとっての価値を意味します。

　そしてこの「ターゲット顧客」と「提供価値」、すなわちだれにどのような価値を提供するかを総称して「事業領域」と定義します。

　次にこの「提供価値」を「ターゲット顧客」に提供する"手段"に着目します。図2－2の左側に配置されている自社のなかでは自前の「経営資源」を用いて「事業活動」を営みます。そして自社が取引を獲得するためには、「顧客との関係構築」を図る必要がありますが、その顧客にリーチする接点または橋渡しとなるのが「チャネル」です。一方、取引が成立し、実際に顧客に価値を提供するうえでは、外部委託先や仕入先等、自社の機能を補完する「事業パートナー」と協業するケースもあります。

　これら「経営資源」「事業活動」「顧客との関係構築」「チャネル」「事業パートナー」を用いて、どのように取引を獲得し、価値提供を実現するかの"手段"を総称して「事業構造」と定義します。

　そして、図2－2の「事業構造」に該当するすべてのボックスから矢印が描かれているように、これらすべてがこの事業の「コスト」を決定づけます。

一方、すべての取引は売り手が買い手になんらかの価値を提供して対価を得ます。自社から顧客への「提供価値」の対価として、「収入」が顧客から自社に、反対向きの矢印として入ってきます。そしてこの「収入」と「コスト」、すなわちこの事業により、どのようにして稼ぐかを総称して「収益構造」と定義します。

　この図をみると、すべては互いに関連しているため、「事業領域」「事業構造」「収益構造」どれか1つだけ切り取って議論することはできません。これらすべてを網羅的に検討しつつ、それぞれが整合性をもって設計されている必要があります。

　ここから、ビジネスモデルの有効性をどのように評価するかを解説する前に、これら「事業領域」「事業構造」「収益構造」とはそれぞれ具体的に何を意味するかを解説します。

　これらのビジネスモデルの構成要素の概念を十分に理解していただいたうえで、事業性評価としてどのような観点でチェックすべきかを考えていきたいと思います。

3　事業領域の考え方

　「事業領域」とは、だれにどのような価値を提供するかであり、「ターゲット顧客」と「提供価値」がその構成要素となります。ビジネスモデルを検討するうえで、まず検討されるのはこの「事業領域」です（図2−3）。

　ターゲット顧客は「県内在住60代男性」のように年齢・性別等の属性で考えられるとイメージされがちですが、「ジョギングを日課とし、健康志向が強いアクティブシニア」のように、ライフスタイルや趣味趣向でまとめるほうが、同じような価値観をもつ人を抽出しやすいでしょう。

　そして自社が買い手にもたらす価値が「提供価値」です。「提供価値」と

図2-3 ビジネスモデルのフレームワークにおける「事業領域」

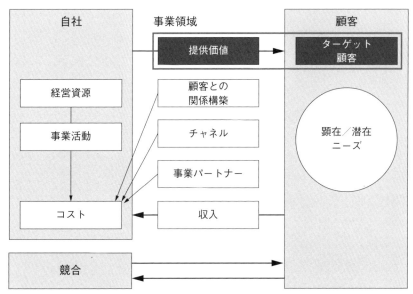

(出所) アレックス・オスターワルダー＆イヴ・ピニュールの「ビジネスモデル・キャンバス」より編集

は前にも述べたように、顧客が感じる"価値"であり商品やサービスそのものではありません。

　カメラは「商品」ですが、顧客が感じる価値は「思い出を振り返れること」でしょう。そのカメラの画像がよくなれば、思い出をより鮮明に呼び覚ませるでしょうし、小型化・軽量化すれば、その思い出を記録する行為がより手軽になります。

　さらに携帯電話と一体化すれば、撮影のためにわざわざ持ち歩く必要もありません。そうなるともはやカメラですらありませんが、顧客はカメラに求めた「提供価値」を得ることに変わりありません。

　ビジネスモデルのフレームワークのなかでも中核をなすのが、この「提供価値」です。製品やサービスが大きな成功を収めるかは、顧客が感じる「提供価値」の大きさに大きく依存します。

第2章　ビジネスモデルの考え方　25

その「提供価値」の大きさがいかに事業の成否に影響を与えるかを、音楽デバイスの変遷で振り返ってみましょう（図2－4）。

私が子どもの頃、音楽を聴く手段はレコードプレーヤーでした。レコードプレーヤーは一家にせいぜい1台、居間にあるようなものでしたが、レコードに針を乗せることで、好きな音楽を自宅にいながら楽しむことができるという価値が得られました。

しかし時が経ち、テープレコーダーが出現したことにより、好きな曲だけを編集して聞けるようになりました。またその後、ラジカセが登場し、小型化したことにより、音楽は居間にいながら楽しむだけでなく、寝室に持ち込んで寝る前に聞くことも可能になりましたし、少し面倒ですが、公園等に持ち運んで聞けるようにもなりました。このように新たなデバイスの登場は、提供価値を変えてきました。

そして、音楽デバイスの変遷のなかでも大きなイノベーションは「ウォークマン」の出現でしょう。これによりソニーは「音楽を歩きながら聞ける」

図2－4　音楽デバイスの変遷による提供価値の変化

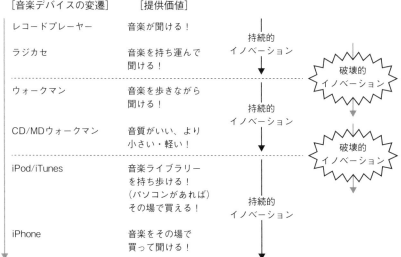

という価値を世にもたらしました。日々の生活、通勤・通学やスポーツまで、人生のあらゆるシーンに BGM という彩りを加えました。これは既存の価値観を一変させる「破壊的イノベーション」であったといえるでしょう。このウォークマンは歴史に残るヒット商品になったといえると思いますが、ウォークマンが爆発的に売れたのは、やはり「提供価値」の大きさだといえます。

その後、ウォークマンは CD ウォークマンや MD ウォークマンのようにかたちを変え、より音質がよく、徐々に小型化・軽量化しました。これはウォークマンがもつ「提供価値」をよりよいものに改善しましたが、「提供価値」そのものを大きく変えるには至りませんでした。すなわち「持続的イノベーション」の域を超えていません。そうなるとやはり、爆発的なヒット商品にはなりえませんでした。

そして次に、音楽デバイスに大きな変革をもたらしたのは米アップル社の iPod でしょう。iPod は一見すると小型でスタイリッシュな音楽デバイスのようでしたが、iTunes というソフトウェアを用いれば、CD ショップに行かなくても、パソコンを通して音楽を 1 曲からでもダウンロード購入できるという新たな価値を創造し、楽曲の購買行動を大きく変えました。まさに「破壊的イノベーション」です。

iPod が発売され大ヒット商品として「1 社独占」といわれていた当時、ある日系メーカーの役員の方がインタビューのなかで「(新発売の) 自社製品は 1 年で iPod を抜く」とコメントをされていました。しかし残念ながら、事実としてそうはなりませんでした。

当時のその方のコメントを振り返ると、iPod については「電池寿命や検索性、操作性など、われわれの目からみればまだまだ手を入れるところはある」と語っていましたが、これは iPod を「製品」としてみたときの評価です。

当時米アップル社が描いていた世界観は、音楽の購買行動を大きく変えるものであり、これが「提供価値」の大きな変革でした。メーカー視点で音楽

デバイスの性能比較を考えてしまった時点で、当時のその日系メーカーは米アップル社とは同じ土俵に立てていなかったように感じます。

その後、同社のiPhoneの登場により、「提供価値」はその場で1曲買って聞けるところまでたどり着きましたが、もともとiPodとiTunesがあった状態からの変化でいうと、新たに生まれた価値は「買うのがより容易になった」という点に限られるでしょう。

事業性評価をする際には、この「提供価値」は最も重要な要素です。よくメーカーの営業マンや開発担当者の方から「この製品は他社に比べて、圧倒的に性能がよい」などと聞かされることがありますが、「それにより顧客はどのような価値を得られるのだろうか」という視点で考えてみてください。

製品性能の競争のみに没頭していては、製品はガラパゴス化してしまいます。モノづくりに強いメーカーほど、得てして「よりよいもの」を追求してしまいます。この辺りが、日本企業がiPhoneの大半の部品をつくっていても、日本企業からiPhoneが生まれない理由なのかもしれません。

事業性評価においては、「顧客が本当に喜んでお金を支払うような提供価値があるか」という視点でみていただくとよいと思います。

4 事業構造の考え方

「事業構造」とは、「ターゲット顧客」に「提供価値」をいかに提供するかの"手段"を意味します。「事業構造」の構成要素は「経営資源」「事業活動」「顧客との関係構築」「チャネル」「事業パートナー」です（図2－5）。

これまで述べてきたとおり、ビジネスモデルのフレームワークにおいて、最も重要といえるのが「提供価値」ですが、企業はこの「提供価値」をより効率的に、安定的に提供するための"手段"を考える必要があります。

「ターゲット顧客」に価値を提供するためには、まずどのような「チャネ

図2－5　ビジネスモデルのフレームワークにおける「事業構造」

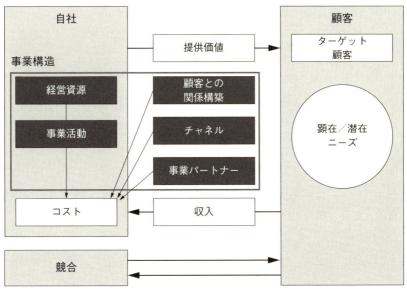

（出所）　アレックス・オスターワルダー＆イヴ・ピニュールの「ビジネスモデル・キャンバス」より編集

ル」を用いて接点をもつのかを考える必要があり、その後「顧客との関係構築」をいかに図り、取引を獲得し拡大していくかを考えます。

　そしてその取引を履行するために、ヒト・モノ・カネ・ノウハウなどの社内の「経営資源」を用いて、調達・生産・在庫保管・販売・配送など、さまざまな「事業活動」を行います。

　そのうえで、自社でできない部分や、自社で担うことが得策ではない部分は「事業パートナー」を活用します。「事業パートナー」には仕入先や業務委託先等を含みますが、品質のよい原料を仕入れられる調達先や、自社でできない加工をできる委託先等があれば、よりよい「提供価値」の提供が可能となります。

　「事業構造」を考えるうえで議論になるのは、バリューチェーンのあり方です。バリューチェーンとは米国の経営学者であるマイケル・ポーターが著

書『競争優位の戦略』で提唱した言葉であり、事業活動を機能ごとに分類し、どの機能で付加価値が生み出されているのかを分析するフレームワークです。このバリューチェーンの各機能を競合と比較することで、どの機能に強み・弱みがあるかを把握し、事業戦略の立案・見直しに役立てることができます。

ポーターは、事業の活動を製品やサービスを顧客に提供することに直接的に関係する主活動と主活動を支援する支援活動に分けましたが、この主活動のあり方が、提供価値の最大化やコスト構造の最適化、またそれらによる競争優位性の確保に大きく作用します。

バリューチェーンを検討するうえでの論点は大きく2つあります。「機能の組換え」と「機能の内製／外製」です。

「機能の組換え」とは、バリューチェーン上にある機能を「簡素化」「省略」「入替え」等により、見直すことです（図2−6）。有名な例では米デル社のパソコン販売が思い浮かぶでしょう。

一般的な製造業であれば、モノをつくって（製造）、保管して（在庫）、顧客からのオーダーを受け（受注）、届ける（配送）というのが手順でしょう。しかし、米デル社がパソコン販売に用いたBTO（Build to Order）という手法は、インターネット経由で注文を受けてから（受注）、組み立て（製造）、

図2−6　バリューチェーンの組換え例

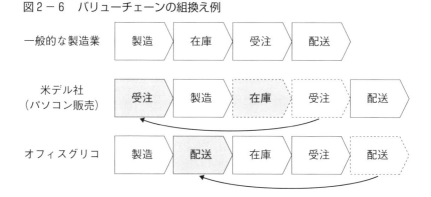

顧客に直接納品する（配送）ことで、在庫負担を減らし、中間業者を排除し、それにより、顧客が自分仕様にカスタマイズした商品を安価に提供することを可能としました。米デル社はインターネットによる受注や直販などの方式からバリューチェーンに革命を起こしたように語られることも多いですが、「事業構造」はあくまでも価値を提供する手段です。米デル社も「提供価値」を最大化する提供方法を考えた結果がBTOであったのでしょう。

自分のほしい機能をもつパソコンを安価に買えるようになることが顧客とっての「提供価値」であり、そのためにいらない機能を外し、流通により生じるコストを最小化するための最善の手段がインターネット経由の注文生産による直販であったということです。

同様に、グリコが提供しているオフィスグリコの例をみてみましょう。こちらは、お菓子をつくったら（製造）、すぐにお客様のいるオフィスに届け（配送）、そこでケースに入れて置いておきます（在庫）。そしてお客様が仕事の合間に、お金を入れて買う（受注）という仕組み、いわゆる「富山の置き薬方式」です。

この例も、仕事の合間の一息つきたいときに、わざわざコンビニに足を運ぶことなく、小腹を満たしリフレッシュできるという「提供価値」を実現するための手段がこの方法でした。余談ながら、オフィスグリコは約15年の歴史で10万社の顧客基盤をつくりあげましたが、気になる代金回収率は95％超という水準を維持しているそうです。これには設置場所等のノウハウがあるようです。

バリューチェーンのもう1つの論点は「機能の内製／外製」です（図2－7）。

「機能の内製／外製」とはバリューチェーンにおけるそれぞれの機能を自前でやるか外部に委託するかを検討することです。

有名な例でいえば、GAPやユニクロはアパレル業界の慣習であったアパレルメーカーがつくって、百貨店や量販店等で売るという構図を変え、SPA（製造小売業）という業態に垂直統合化しています。それに対して、米アップ

図2−7 垂直統合と水平分業の比較

	［垂直統合］ 例：ユニクロ GAP	［水平分業］ 例：米アップル社
メリット	・モノづくりの完成度の向上 ・一貫した価値観の確保 ・中間コストの抑制 ・製品の安定供給の確保	・付加価値の高い領域への注力 ・設備投資の軽減 ・市場リスクの軽減
デメリット	・設備投資・固定費負担の大きさ ・投資回収の長さ	・増減産等の対応における柔軟性の低下 ・クレーム等への対応の遅れ ・技術・ノウハウの空洞化

ル社は自社で製品開発やマーケティングはするけれど、生産はほぼ外注という水平分業化をしています。iPhone 6 は世界で分業されてつくられており、主に台湾の鴻海精密工業が中国の工場でつくっていますが、使われている電子部品約1,300点のうち、約700点が日本製ともいわれています。

バリューチェーンを垂直統合するメリットは、主に以下のものがあげられます。

① モノづくりの完成度の向上
② 一貫した価値観の確保
③ 中間コストの抑制
④ 製品の安定供給の確保

バリューチェーンを垂直統合する、すなわち内製部分を増やし、自社で完結する場合、モノづくりの完成度を高めていくことができます。製品をつくるうえでの自社の独自のこだわりや、それを可能にするための技術の蓄積は、自前でやることで実現可能性が高まります。

また、これにより企業間のやりとりで発生する取引コストを抑え、中間マージンを排除することができます。

加えて、緊急の増産等の対応についても、すべて自社の判断で動けるた

め、製品供給は安定性が増します。また、SPA（製造小売業）のような業態は、生産から販売まで自社のブランドに根差した一貫した価値観を体現することが可能です。

その一方で、垂直統合によるデメリットとして、以下のことに留意する必要があります。
① 設備投資・固定費負担の大きさ
② 投資回収の長さ

すべてを自前でもつために、当然ながら設備投資による固定費負担も重たく、投資回収には時間を要します。その分、消費者の嗜好の変化等の事業環境の変化に対する柔軟性・対応力は弱くなりがちです。

反対に、バリューチェーンを水平分業するメリットは主に以下のものがあげられます。
① 付加価値の高い領域への注力
② 設備投資の軽減
③ 市場リスクの軽減

米アップル社のように、卓越した製品開発力やマーケティング力はあるが、生産等に特段の強みがない企業では、生産を外部のコスト競争力のあるところに任せるという方法がとられます。

また自前で工場をもたないことにより、設備投資の資金負担が軽減され、仮に製品の販売が思うようにいかなくても固定費負担に苦しめられるリスクは少なくなります。

その一方で、デメリットとして以下のことに留意する必要があります。
① 増減産等の対応における柔軟性の低下
② クレーム等への対応の遅れ
③ 技術・ノウハウの空洞化

生産が自前でなければ、急なオーダーの増加や減少に対して、柔軟に生産調整を図るということがむずかしくなります。またクレームや品質問題への対応も自社内だけで解決できなくなるためスピード感が劣ります。そして生

第2章　ビジネスモデルの考え方

産に関する技術やノウハウは外部に依存しており、自社のなかに蓄積されないという結果になります。

　垂直統合と水平分業はどちらがよいかというのは一概にいえません。それぞれの事業特性や自社の強みを考えて、何を自前でやり何を外部に頼るかを考えていくことになります。

　その判断をするには「自社の強みがどこにあるか」がポイントです。

　米アップル社のように、自社の強みが製品開発とマーケティングであれば、たとえ自社製品をもっていても生産は外注というやり方もありますし、その発想があれば、世界最大のタクシー会社である米Uber社のように、「タクシーを所有しないタクシー会社」という選択肢も生まれます。

　既存の枠組みにとらわれず、ゼロベースで機能を内部でもつか、もたないかの選択をすることで、全体の投資資金を抑制したり、ビジネスリスクのとり方を変えたりすることが可能になります。

　さらに、バリューチェーンを検討するうえでは、自社のオペレーション領域に縛られず、業界全体を俯瞰的にみることが肝要です。

　GAPやユニクロのようなSPA（製造小売業）の例では、洋服はアパレルメーカーがつくって、百貨店や量販店等の小売業者が売るものという既成の概念を変えるものでありました。業界全体のバリューチェーンにおける自社の領域を広げれば、中間の取引コストを抑えたり、複数の企業に分散する利益を丸ごととりにいったりすることも可能です。

　ここで考えるべきは「バリューチェーンのどこの収益性が高いか」です。

　中古車買取・販売のIDOM（旧ガリバーインターナショナル）は、業界全体のバリューチェーンにおける自社の領域を見直し、そこから事業構造を変革した好例です。

　旧ガリバーインターナショナルが創業した1994年当時は、日本国内にインターネットが普及する前であり、中古車業者は広大な土地に商品を陳列し、顧客は店舗に来店し、ほしい商品を、実物をみて探していました。

　しかし大量に商品を陳列しても、売れるのは月間で、展示している車のせ

いぜい3割であり、残る7割は時間の経過とともに価値が下がってしまいます。これが中古車業者の収益を圧迫していました。

そこでガリバーは、買い取った車を即オークションに出品し、利鞘は小さくても安定的な収益を得られる画期的な方法を考案し、「買取専門店」として創業しました。しかし、中古車を販売するには、当然ながら最終顧客に直接販売をしたほうが大きい利幅をとれます。1998年、インターネットの普及が進み、売り手と買い手が効率よくつながる時代が来るとみるや、画像による車販売システム「ドルフィネット」の運用を開始し、買い取ってからオークションに出すまでの2週間のみ、インターネット上で最終顧客に直接販売するようになりました。

これにより、ガリバーは2週間の間で最終顧客に売れる車から大きい利鞘を獲得し、売れ残るリスクのある車は早期処分で利益を確定させる仕組みを整えました。

ガリバーのモデルでは、在庫リスクがない分高い買取価格が提示でき、中古車事業にとって最も重要である仕入れを優位に進めることが可能です。またこの競争優位性により、最終顧客に安い価格を提示することも可能となりました。

ガリバーの考え方は、自社の強みだけでバリューチェーンの機能を内製するか外製するかを判断するのではなく、業界全体のバリューチェーンの収益効率を見極め、「事業構造」を設計し、さらに「事業領域」の見直しにまで踏み込んでいる点で優れています。また時代の変化、つまりインターネットの普及とともに事業のあり方を見直し、時代にあったビジネスの方法を考えている点も、素晴らしかったと思います。

5 収益構造の考え方

「収益構造」とは、前述の「事業領域」と「事業構造」を前提としたときに、どのように稼ぐことができるかであり、「収入」と「コスト」がその構成要素です（図2-8）。

「収入」は「事業領域」が決まると、おおよそ市場の原理により決まります。すなわち、「ターゲット顧客」が「提供価値」に対してどの程度の価値を感じるか、競合企業はどのような価格設定をしているかにより決まります。しかし、実際は「提供価値」と「収入」の関係は完全な比例関係ではありません。同じ価値を提供しても、より大きな「収入」を獲得するには、工

図2-8　ビジネスモデルのフレームワークにおける「収益構造」

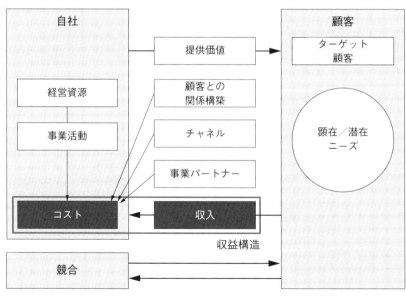

（出所）　アレックス・オスターワルダー＆イヴ・ピニュールの「ビジネスモデル・キャンバス」より編集

夫の余地があります。

　通常、商品を買う場合は1個当りの単価が設定され、数量に応じて金額が決まります。

　しかし、すべてが肉の量り売りのように完全な正比例なわけではありません。

　クイックマッサージのように、供給能力（施術師の人数×営業時間）に上限の定まっているビジネスは稼働率を重視します。よって15分より30分、30分より60分の時間単価を安く設定することで、客単価を上げ、時間当りの収益性を落としてもマッサージブースが空になる時間を減らすように考えます。

　タクシーは同じように供給能力に限りがあるビジネスですが、初乗り運賃を設定することで、2キロメートル以内の短距離で頻繁に乗降する、タクシー会社にとって収益効率の悪い運行が減る価格設定をしています。

　タクシー運賃は、東京では2017年1月まで、走行距離で2キロメートルまで初乗り料金710円、その後288メートルごとに90円の加算料金であり、これが短距離を乗りたい顧客の獲得を妨げている側面もありました。東京都内のタクシー会社の多くは「高齢者や外国人観光客の需要を取り込みたい」と2017年2月より初乗料金を1キロメートル410円とする運賃体系に変更しています。

　携帯電話は、固定料金と変動料金の組合せを消費者に自由に選ばせる方法をとっています。携帯電話は加入者シェアの獲得が非常に重要なビジネスなので、消費者の使い方に応じて有利な価格体系を選んであげることで、加入者を囲い込む意図があります。ショップに行くと、顧客にとってどのプランがいいか、親切に教えてくれるのはこのためです。

　しかし、これらの価格体系は固定料金や変動料金の組合せこそあれ、基本的に従量制です。

　しかし、収入のあげ方はこれでだけではありません。工夫の仕方として大きく2つの方法があります。1つは「稼ぐタイミング」を変えること、もう1つは「受益者と負担者の関係」を変えることです（図2-9）。

図2−9 価格設定のパターン

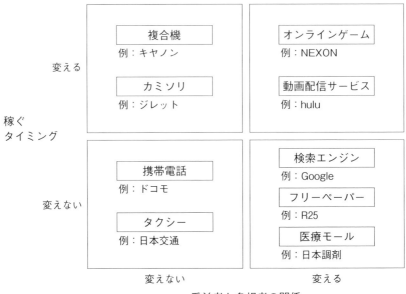

「稼ぐタイミング」については、通常、商品やサービスを提供すれば、それと同時に収益をあげていくことになります。しかし、そこには工夫の余地があります。それは顧客との取引の初期においては利益にこだわらず、まずは顧客を囲い込み、後からじっくり回収する方法です。

これは、ジレットが髭剃りを安く売り、替え刃で儲けるビジネスをしたことで「ジレットモデル」として有名になりましたが、より身近な例は、コピー機とトナー等消耗品の関係でしょう。

通常コピー機を導入する際には機体本体が大幅に安く導入され、メーカーは後の消耗品販売で利鞘を大きくとります。メーカーの立場でみると、機械販売は赤字です。しかし、機械を設置した段階で顧客の"囲い込み"ができているので、中長期でみると回収が可能です。文字どおり「損して得とれ」です。この方法はいまでもうまくいっているようで、経営不振に苦しむ

シャープにおいても、実はコピー機の事業は稼ぎ頭です。

　これはマーケティングの観点でいえば、顧客のロイヤリティを高め、1人の顧客の「ライフタイムバリュー」で高める方法といえます。「ライフタイムバリュー」とは「顧客生涯価値」と訳されますが、ある顧客が自社の顧客となり離れていくまでの間にもたらされる価値（収益）を示すマーケティング用語です。

　ただし、このモデルは、「値引き」という営業コストを長期にわたる"囲い込み"で投資回収することを前提としているので、これを用いるには"囲い込み"の蓋然性が非常に重要です。

　たとえば、エレベーターメーカーにおいては、従来はエレベーターを売るよりメンテナンスで稼ぐというのが定石であったようです。しかしいまや、独立系といわれるメーカーの系列でないメンテナンス会社が台頭し、メーカーのメンテナンス経験者を採用し、低価格でのサービスを提供しています。

　エレベーターの買い手からすれば、メーカーからエレベーターを割安に調達し、独立系のメンテナンス会社から安くメンテナンスを受けることが最も経済合理的な選択です。

　しかしメーカーとしては、機器を赤字で売ったにもかかわらず、メンテナンスを受注できなかったとなると、たまったものではありません。つまり、"囲い込み"の蓋然性がなければ、この方法は機能しないと考えたほうがよいでしょう。

　もう1つの切り口である「受益者と負担者の関係」については、広告業界にみられる三者間の取引が代表的な例です。私たちはインターネットを使うとき、Googleなどの検索エンジンを使用しますが、Googleにお金を支払いません。私たちは明らかに情報検索ツールの受益者ではありますが、そのツールを提供しているGoogleに対して対価は払いません。

　ターミナル駅等で手にすることができるフリーペーパーも同様です。私たちはそこから地域の情報等を入手しますが、情報に対価は払いません。それ

らは誌面に掲載されている広告の収入で成り立っています。このように受益者（読者）を集めることが第三者にとって便益となる場合は、必ずしも受益者（読者）から料金をとる必要はありません。この受益者を集める集客力を評価する広告主から、広告収入を得ることも検討が可能です。

　広告収入を得るのであれば、より多くの読者を集めることが広告主にとって魅力となります。むしろ情報を無償提供して、読者数を増やすことがより経済合理的な判断となります。

　またこの手法を用いるには、集客する顧客の数（量）だけでなく内容（質）も重要です。たとえばフリーペーパーの場合、その冊子をターミナル駅や学校等、対象とする地域や年齢層を絞って配布することができれば、その層に広告を出したい人には効果的にリーチできる媒体となります。

　また他の例として、日本調剤が提供している、勤務医に対する独立開業支援コンサルティングがあります。

　調剤薬局にとって、いちばん重要なのは店舗の立地です。大病院等の目の前のいわゆる「門前薬局」を構えることができれば、その後調剤薬局は、ほぼ安定的に収益が見込まれます。そうなると病院等の建設の情報の入手と出店用地の確保が成功の鍵となります。そこで日本調剤が目をつけたのが医療モールです。医療モールとは、診療科が異なる複数のクリニックが1つの建物や敷地に集まった医療施設ですが、ここが調剤薬局にとっての新たな出店余地になります。

　日本調剤は勤務医の独立開業支援を無料で提供し、これらを束ねて医療モールを形成しています。これにより、自社の調剤薬局の出店場所を生み出し、医療モール開業後の処方箋の調剤で収益をあげています。これも独立開業支援コンサルティングの受益者である勤務医からは収入を得ず、後に医療モールに集まった患者を負担者として収入を得るモデルです。これも独立開業支援自体は赤字ですが、後に調剤薬局で稼ぐという点では別のかたちの「損して得とれ」モデルです。

　このように、「受益者」と「負担者」は必ずしも一致しないということを

考えると、収入のあげ方には工夫の余地があることがわかると思います。

　そして、これらの2つの方法には"あわせ技"があります。「フリーミアム」がこれに該当します。「フリーミアム」とは基本的なサービスを無償提供しつつ、場合によっては広告収入で補いつつ、特別な機能等を用いる場合は、その料金を課金するという方法です。

　「フリーミアム」の代表例はスマホで遊べるオンラインゲームや動画配信サービスです。

　オンラインゲームの課金率は一般的に1桁パーセント程度といわれます。要するに大半の人は無課金でゲームを楽しんでおり、一部の課金ユーザーからの収益でゲーム会社のビジネスが成り立っているということを意味します。これは「稼ぐタイミング」がサービス提供と一致していません。

　また当初無償でサービス提供をしつつ、その先の付加的なサービスを受ける段階になって課金されるのは「提供価値と対価の関係」が一致していません。

　このモデルですが「フリーミアム」と仰々しくいえばそのとおりですが、実は、仕組みとしては通販の健康食品や化粧品等の「無料お試しセット」となんら変わりません。しかし、インターネットによるサービス提供においては、顧客へリーチできる範囲が格段に広くなるため、サンプルの配布コストが非常に安くなります。よって、この方法はインターネットによるサービス提供との親和性が高いといえるでしょう。

　このように、収入を最大化するための課金の工夫の仕方はいろいろありますが、いまのところ、考えられる方法は、通常の従量制の範囲における「固定と変動の組合せ」に加えて、「稼ぐタイミング」と「受益者と負担者の関係」の2つのいずれか、または両方を変えることしかなさそうです。

　ビジネスの特性をふまえて、これらいろいろな収入の獲得方法の検討が可能だということは知っておく必要があるでしょう。

　一方、「コスト」は「事業構造」が決まればおのずと決まることもあり、これらは「事業構造」の各構成要素と同時に検討されるべきものです。「提

供価値」をどのように提供するかが「事業構造」ですが、その方法を選択した時点でどれくらいコストがかかるか、おおむね決まります。

しかし「コスト」も支払方の工夫次第で支払う金額を抑える余地があります。

コスト構造を理解するうえで知っておきたいのが「営業レバレッジ」という考え方です。「営業レバレッジ」とは、費用のうち、固定費の割合が大きい（変動費の割合が小さい）と、「売上高の増減」の「利益の増減」に対する影響が大きくなり（レバレッジが大きい）となり、逆に固定費の割合が小さい（変動費の割合が大きい）と、「売上高の増減」の「利益の増減」に対する影響が小さくなる（レバレッジが小さい）という財務的な効果です。

たとえば、図2-10のように、売上高100、利益10と売上高と利益がまったく同じ会社が2社あるとします。A社は固定費60で変動費30と固定費が多いコスト構造、B社は固定費30で変動費60と変動費が多いコスト構造です。この2社の損益が、売上の増減により、どのように影響するかを表したのが図2-10です。

A社は売上が増加するとより大きな利益をあげることができますが、売上が減少するとすぐに損益は悪化します。一方、B社は売上が増加してもあまり大きな利益をあげられないかわりに、売上が減少しても損益の悪化は緩やかです。つまり、コストに占める固定費の割合が大きければ大きいほど、固定費が"テコ"の働きをして、利益の変動を大きくします。これが「営業レバレッジ」です。

この固定費と変動費の割合はどれくらいが適切であるかは事業内容やその時の事業の状況によりますが、これから売上高の成長が見込まれる場合は、固定費の割合を多くして、売上増加の恩恵を大きく受けるほうがよいですし、売上の下がる懸念がある場合は、固定費の割合を減らし、売上減少によるダメージを抑えるほうがよいといえます。景気後退局面に、企業がコスト削減と同時に「固定費の変動費化」に取り組むのはこのためです。

半導体業界は装置産業であり、固定費負担の重いコスト構造ですが、さら

図2-10 営業レバレッジによる利益の変化

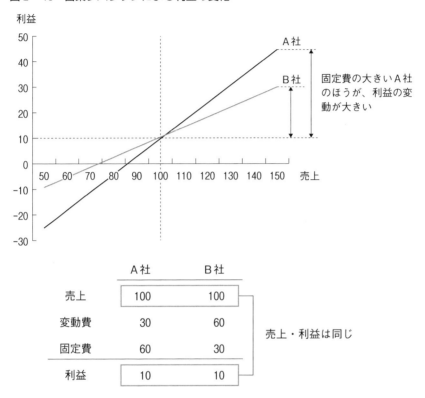

にシリコンサイクルといわれるような好不況の波を受けます。構造的に営業レバレッジが大きくなってしまう一方で、売上の変動が大きい市場特性なので、各社は度々、大きな損失を計上します。非常に経営の舵取りがむずかしい業界だといえます。

「コスト」のあり方を検討するときは、自社の事業特性や事業の見通しをかんがみて、固定費の割合を増やして（レバレッジを大きくして）攻めるか、固定費の割合を減らして（レバレッジを小さくして）守るかの見極めが非常に重要です。

第3章

ビジネスモデルの有効性評価

1 ビジネスモデルの有効性をみる3つの観点

ビジネスモデルとは何かを理解していただいたところで、金融機関の皆様が、取引先の事業の「ビジネスモデルの有効性評価」をどのような視点でチェックしていくべきかを整理したいと思います。

ビジネスモデルの有効性評価をするうえでチェックすべき観点は、「検討の網羅性」「ビジネスモデルの整合性」の2点です（図3－1）。

ビジネスモデルのフレームワークを用いる最大のメリットは、「検討の網羅性」を担保することにあります。

これまで述べてきたように、ビジネスモデルとは「事業領域」「事業構造」「収益構造」の3つから成り立ち、これらは「ターゲット顧客」「提供価値」「経営資源」「事業活動」「顧客との関係構築」「チャネル」「事業パートナー」「収入」「コスト」の9つの要素から構成されます。

これら全体をしっかり意識して、必要な項目を抜けもれなく検討することが重要です。

しかし実際に私たちがコンサルティング現場でみていると、ある構成要素

図3－1　ビジネスモデルの有効性評価の観点

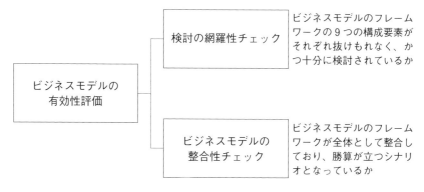

が十分に検討されていなかったり、検討していても重要なリスクを見落としたりしているケースが散見されます。たとえば、技術主導の製品開発により、「提供価値」の定義があいまいになっており、製品の性能は素晴らしくても、それを求める顧客がどれだけいるのかという疑問が起きるケースがあります。

　ここで検出されるリスクは、すべて回避できるわけではありませんが、検討すべき点を網羅的に洗い出し、リスクの所在を知っておくことで、回避すべきものは回避し、回避できないものもあらかじめ対応策を検討しておくことができます。ビジネスモデルのフレームワーク（図3－2）を利用すれば、ビジネスモデルの9つの構成要素を抜けもれなくチェックすることが可能です。

　次に、ビジネスモデルのフレームワークを俯瞰して、「ビジネスモデルの

図3－2　ビジネスモデルのフレームワーク（再掲）

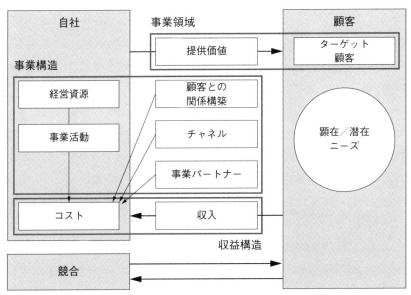

（出所）　アレックス・オスターワルダー＆イヴ・ピニュールの「ビジネスモデル・キャンバス」より編集

整合性」をチェックします。ビジネスモデルのフレームワーク上の9つの項目をマップ上から俯瞰することで、それぞれの構成要素が相互に整合しており、合理的なビジネスモデルが描かれているかを確認します。

たとえば、「事業構造」の設計に基づき「コスト」の検討が十分になされていないと、後に想定以上にコストが嵩むことに気づき、事業計画をつくってみるとどうにも利益が出そうにないということになります。

ビジネスモデルのフレームワークは9つの構成要素の見落としを回避するだけでなく、それらをワン・マップでみることで全体として筋が通っているかをみることにも役に立つのです。

以下、2つの観点からのチェック方法について、順を追って詳細に確認していきましょう。

2 検討の網羅性チェック

ビジネスモデルの有効性を評価するうえで重要なのは、まずは検討の網羅性を担保し、リスクの見落としを回避することです。

残念ながら、私たちがコンサルティングの現場で目にする事業の失敗の多くは、失敗するべくして失敗しているというのが率直な印象です。事前に検討しておくべきことが検討されていないため、気づくべきリスクに気づいておらず、必然的に失敗しているというケースが大半です。裏を返せば、検討すべきことを検討しておけば回避されるリスクが相当な割合で存在するということです。

私たちはこれらのリスクを適切に回避・最小化し、失敗を未然に防ぐことで、成功の確率を高めることができると考えています。それには、検討すべき観点や項目が事前に十分に洗い出されている必要があります。そのためにフレームワークを用いて、検討すべきことを網羅的に抽出しているのです。

江戸中・後期の大名で、肥前国平戸藩の第九代目藩主であった松浦静山は自らの剣術書『剣談』で「勝ちに不思議の勝ちあり。負けに不思議の負けなし」と記したとされています。この言葉は、後にプロ野球の野村克也元監督が引用して有名になったので、ご存知の方も多いかと思いますが、成功するときはたまたまうまくいくことがあっても、失敗するときは必ず明確な理由があります。それが外部環境によりどうにもならないケースもあれば、わかっていれば回避できるものもあります。後者に関しては、事前に検知して備えておくことで、勝率を上げることが可能となります。

3　事業領域のチェックポイント

　これまで述べてきたとおり、事業領域とは「だれにどんな価値を提供するか」を意味します。事業領域は「ターゲット顧客」と「提供価値」で構成されますが、以下、各構成要素について、検討すべき論点をみていきたいと思います（図3－3）。

① ターゲット顧客

　「ターゲット顧客」とは当該ビジネスにおいて想定する顧客像です。「ターゲット顧客」に関しては「ターゲットの明確性」「市場規模の適正性」「市場の成長性」「市場ニーズの安定性」が主な論点となります。

a　ターゲットの明確性

　ここではまず「ターゲットは明確に定義されているか」「セグメントのとらえ方は適切であるか」を考えます。

　供給が需要を上回る「モノ余り」の時代においては、消費者に選択肢があります。一方で、消費者ニーズもどんどん多様化していきますので、万人のニーズを満たす商品やサービスを生み出すのはますます困難になっていきま

図3-3 事業領域の論点

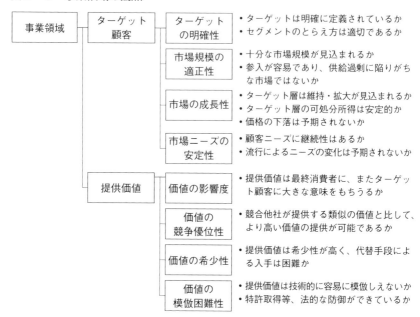

す。
　そこで、多くの人のニーズを最大公約数的に満たすよりも、特定の顧客のニーズを深く満たす商品やサービスのほうが売上をあげやすくなります。顧客は「私にぴったりの」「私のための」パーソナライズされた商品やサービスを好むようになりますので、「ターゲットを絞るほうが売れる」という現象が起きます。
　大切なのは絞ったターゲットが求める「提供価値」を打ち出すことですので、絞り込んだ顧客層（セグメント）が同様の「提供価値」を求めているという仮説が成り立たなくてはいけません。単純に性別や年齢や地域を絞っても、絞った対象が共通して求めるような価値を提供しなければ、リーチする範囲を狭めた分、売上が落ちる結果となります。顧客のライフスタイルのあり方や嗜好をより明確にイメージし、共通した価値観をもつ顧客グループ

（セグメント）を抽出できているかの確認が必要です。

b　市場規模の適正性

次に「十分な市場規模が見込まれるか」「参入が容易であり、供給過剰に陥りがちな市場ではないか」を考えます。

特定のセグメントを定義したところで、そこに十分な市場規模があるかを確認します。ターゲットを絞るとそのターゲットのニーズに深く応える商品・サービス提供がしやすくなる一方、当然ながらカバーできる顧客の範囲は縮小します。打率が上がっても、それなりの打席数は必要です。そもそも十分な市場規模がありそうかを十分に確認する必要があります。

また、対象の市場規模がある程度大きくても、参入が容易であれば供給過剰になるリスクもあります。市場規模の大きさという絶対的な見方だけではなく、需給のバランスをかんがみたうえでの市場の飽和状況を考える相対的な見方も加えるとよいでしょう。

c　市場の成長性

次に「ターゲット層は維持・拡大が見込まれるか」「ターゲット層の可処分所得は安定的か」「価格の下落は予期されないか」を考えます。

現時点の市場規模が大きくても成長がみられない市場に魅力があるかは疑問です。特に対象の事業が次世代を期待する新規事業であれば、現時点よりも3年後・5年後の市場規模がより重要です。

さらに新規事業の場合は、中期経営計画において収益貢献を期待する時期と、市場の成長スピードが整合するかの観点も必要です。

それには顧客層の拡大も重要ですが、その顧客層の財布の大きさ（可処分所得）も意識する必要があります。たとえば、高齢者向けビジネスにおいては、年金給付額の変化が市場規模に影響を及ぼします。

また、市場が飽和すれば価格競争に陥りますし、購入者数や利用者数が安定的でも価格が下がれば市場規模は縮小します。そのような兆候がみられる市場には注意が必要です。

d　市場ニーズの安定性

最後に「顧客ニーズに継続性はあるか」「流行によるニーズの変化は予期されないか」を考えます。

その顧客層がもつニーズは今後も求められるようなものであるか、テクノロジーの変化により代替されたり不要となったりするものではないか、流行の変化等により左右されるものではないか等の観点が必要です。

たとえば、自動車部品のように、長らく完成車メーカーとの安定的な取引関係を築いてきた業界でも、電気自動車や燃料電池車の普及や自動運転の実現により、車が10年後にはいまとはまったく違う姿になってしまえば、安泰とはいえません。取引が急激になくなるようなリスクを考えておく必要があるでしょう。

②　提供価値

「提供価値」とは当該事業の商品やサービスの提供により、「ターゲット顧客」が得られる利便性や快適性等の価値です。「提供価値」に関しては、「価値の影響度」「価値の競争優位性」「価値の希少性」「価値の模倣困難性」が主な論点となります。

a　価値の影響度

ここではまず「提供価値は最終消費者に、またターゲット顧客に大きな意味をもちうるか」を考えます。

前章の音楽デバイスの例でお話しましたように、顧客に大きな意味をもつ価値を提供できるかが、事業の成否に大きな影響を与えます。前章で述べた音楽デバイスの例はBtoC（Business to Consumer）ですので、「提供価値」とは何かをイメージしやすいと思いますが、BtoB（Business to Business）の場合はどう考えるか、少しわかりにくく感じるかもしれません。

BtoBの場合は、2つの考え方があります。1つは通常どおり、「直接の顧客への提供価値を考える」考え方です。取扱製品が素材や部品であれば、その加工性や品質のよさ・安定性は、顧客である製品メーカーの生産効率の向

上等に役に立てるでしょうし、取扱製品が製造設備であれば、操作性や耐久性等が顧客の現場での安定操業の役に立つでしょう。

もう1つは「最終消費者への提供価値が、ひいては直接の顧客への提供価値になる」という考え方です。つまり、最終顧客への提供価値に、サプライヤーとして貢献できないかを考える方法です。

たとえば、最終消費者が求める製品の開発に、素材や部品の供給で貢献できないかということを考えます。ユニクロの主力3商品「エアリズム」「ヒートテック」「ウルトラライトダウン」は、東レが製糸から縫製までを担っています。東レの技術は、ユニクロの顧客への提供価値に大きく貢献し、それが東レのユニクロへの提供価値となっているといえるでしょう。

　b　価値の競争優位性

次に「競合他社が提供する類似の価値と比して、より高い価値の提供が可能であるか」を考えます。「提供価値」自体は顧客にとって意味があるものだとしても、市場の評価は他社との相対比較によって決まります。あくまでも製品の性能比較ではなく、顧客が感じる提供価値で優劣を判断する視点が必要です。

特に、顧客の購買決定要因（KBF：Key Buying Factor）に関連性の強い項目において、高い価値を提供できれば、競合他社に対して、競争優位性をもつことが容易になります。

　c　価値の希少性

次に「提供価値は希少性が高く、代替手段による入手は困難か」を考えます。提供している価値が特殊なものであったり、他の手段による入手が困難であったりすれば、競争の少ない環境をつくりだすことができ、市場を押さえることが容易になります。

　d　価値の模倣困難性

最後に「提供価値は技術的に容易に模倣しえないか」「特許取得等、法的な防御ができているか」を考えます。仮に他社にないユニークな価値が提供できているとしても、他社にすぐ模倣されてしまうようなものであれば、他

社に対する相対的な価値はすぐに失われてしまいます。他社がまねしたくもまねできない独自のノウハウやオペレーション上の特性等に基づいて提供しうる価値であれば、自社の提供価値の独自性を維持でき、市場を長期に押さえる蓋然性が高まります。

もし仮に他社に模倣されるリスクがある場合は、特許等により知的財産を防御するという方策もあります。これらを含めた価値の模倣困難性の確保を考える必要があります。

4 事業構造のチェックポイント

事業構造とは、ターゲット顧客に対して提供価値を「どう提供するか」を意味します。事業構造は「経営資源」「事業活動」「顧客との関係構築」「チャネル」「事業パートナー」で構成されますが、これにより効果的なバリューチェーンを構成する必要があります（図3-4）。

以下、各構成要素について、検討すべき論点をみていきたいと思います。

① 経営資源

「経営資源」は「事業活動」を行うにあたって用いることのできる社内のヒト・モノ・カネ・ノウハウなどを示します。「経営資源」に関しては、「経営資源の充足度」「経営資源の競争優位性」「経営資源の補強可能性」が主な論点となります。

a 経営資源の充足度

ここではまず「事業に必要な経営資源は充足しているか」「重要成功要因（KFS：Key Factor for Success）を満たす経営資源が具備されているか」を考えます。

新規事業においては、その事業を運営していくだけの経営資源を伴ってい

図3-4 事業構造の論点

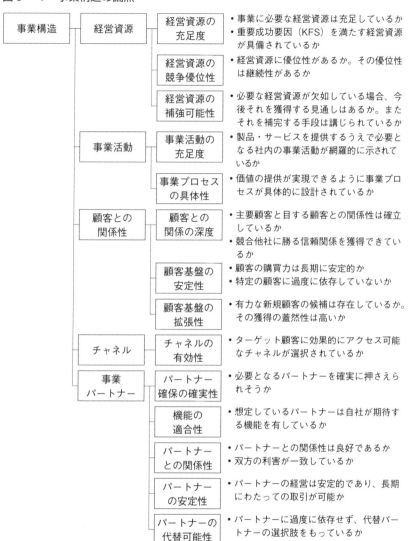

るかを確認する必要があります。そのためには具体的なオペレーションのイメージをもって、どのような経営資源が必要となるかを抽出することが求められます。特に事業の成否にとって重要となる要因（KFS）を見極め、そのKFSを満たすために必要となる経営資源（特定の知見をもった人材、重要顧客を押さえる販売網等）を押さえているかがポイントとなります。

　b　経営資源の競争優位性

次に「経営資源に優位性があるか。その優位性は継続性があるか」を考えます。

経営資源は、競争優位性と密接な関係があります。それは人材や設備等のような有形のものもあれば、ノウハウやクレジットのような無形なものもあります。この事業に求められる経営資源に、他社に対する競争優位性があるか、またその競争優位は今後も続くと想定されるのかを確認する必要があります。

　c　経営資源の補強可能性

最後に「必要な経営資源が欠如している場合、今後それを獲得する見通しはあるか。またそれを補完する手段は講じられているか」を考えます。

もし対象事業が新規事業であれば、立ち上げ当初から、事業に必要な経営資源がすべて具備されていることは想定しにくいと思います。仮に現時点で具備していないとして、今後どのような時間軸で、どのように手当していくのか、また実際に獲得できる見込みはあるのかを確認していくことが必要です。

② 事業活動

「事業活動」はバリューチェーンを構成する要素のうち、自社内でもつ機能の具体的な活動を示します。「事業活動」に関しては、「事業活動の充足度」「事業活動の具体性」が主な論点となります。

　a　事業活動の充足度

ここではまず、「製品・サービスを提供するうえで必要となる社内の事業

活動が網羅的に示されているか」を考えます。バリューチェーンを構成する機能のうち、自社が担う機能が明確に示されており、どのような活動をしていく必要があるかを網羅的に洗い出しているかを確認する必要があります。

　b　事業プロセスの具体性

　次に「価値の提供が実現できるように事業プロセスが具体的に設計されているか」を考えます。

　まず、顧客に価値を提供するまでの一連の活動が具体的にイメージされているかを確認します。さらにその一連の活動のうち、何を社内で行い何を外部に委託するかが整理されているか、さらに社内で行う活動においては、どのような手順で運営されるかを確認します。この設計が後にコスト構造を決める大きな要素となりますので、コスト試算に大きな誤差が生じないように、具体性をもって検討されているかの確認が必要です。

③　顧客との関係性

　「顧客との関係性」とは、既存の取引先との関係性強化と新規の取引先の獲得の双方を含み、安定的な顧客基盤を確立するための活動を示します。「顧客との関係性」に関しては、「顧客との関係の深度」「顧客基盤の安定性」「顧客基盤の拡張性」が主な論点となります。

　a　顧客との関係の深度

　ここではまず「主要顧客と目する顧客との関係性は確立しているか」「競合他社に勝る信頼関係を獲得できているか」を確認します。

　安定した売上高を保つためには、BtoBであれば一定の大口顧客を確保する必要がありますし、BtoCでも会員制度等によるロイヤリティの高い顧客層の確保が必要です。

　主要顧客との関係性が深ければ深いほど、安定収益が約束されます。

　そしてこの点においても競合との比較が重要です。競合他社に勝る信頼関係が獲得できており、より深い関係が築けているかの確認が必要です。

b　顧客基盤の安定性

次に「顧客の購買力は長期に安定的か」「特定の顧客に過度に依存していないか」を確認します。

いかに顧客との関係が良好でも、顧客の購買力に陰りがみられれば取引は安定的とはいえません。たとえばBtoBの場合では、主要顧客に大手自動車メーカーや大手通信会社等、業績の安定した大口顧客を確保しており、それらの顧客が業界の勝ち組であれば、あまり問題はありませんが、顧客の収益基盤が安定しなかったり、業界におけるポジションが不安定であったりする場合は注意が必要です。

一方、仮に安定的な顧客基盤を確保していたとしても、その顧客に過度に依存するのも問題です。特定顧客に依存すれば依存するほど、価格交渉力は弱まりますので、その顧客の業績が悪化すれば価格低減要求を飲まざるをえなくなります。

私たちのコンサルティング経験においても、大事にしていた大口取引先の採算性が非常に悪かったというのはよくある話です。複数の大口取引先をもつ等、リスク分散がなされているかも確認したいポイントです。

c　顧客基盤の拡張性

最後に「有力な新規顧客の候補は存在しているか。その獲得の蓋然性は高いか」を確認します。

たとえば電子部品メーカー各社は、これまで収益の柱であったスマートフォン向けの成長が鈍化したのを受けて、車載向けに舵を切る動きがみられますが、既存のシェア拡大だけでなく、新たな用途開発、新たな市場開拓ができれば、収益基盤が安定します。常に次に来るマーケットに備えができているかの確認もしておく必要があるでしょう。

④　チャネル

「チャネル」とは「ターゲット顧客」に対して、リーチする手段を示し、顧客に自らの存在や提供価値を伝える「コミュニケーションチャネル」と実

際に価値を提供する「デリバリーチャネル」があります。「チャネル」に関しては、「チャネルの有効性」が主な論点となります。

a　チャネルの有効性

ここでは「ターゲット顧客に効果的にアクセス可能なチャネルが選択されているか」を確認します。

コミュニケーションチャネルには、対面、ウェブ、ダイレクトメール等さまざまなチャネルがあり、代理店等の他社を介する場合もあります。チャネルが有効であるかは「ターゲット顧客」に迅速かつ効果的にリーチできるかによります。同じ保険の販売でも、ターゲット顧客が高齢者であれば、対面のほうが相手に安心感を与え、効果的かもしれませんが、ターゲット顧客が若者の場合はインターネットを用いたほうが、効率よくリーチでき、より多くの契約をとりやすいかもしれません。

一方のデリバリーチャネルに関しては、仮にインターネットの取引でも、商品を運ぶ場合は配送ですが、データのやりとりであればダウンロードとなるでしょう。また提供するのがサービスであれば対面での提供となります。しかしこれらは取り扱う商品やサービスに依存し、あまり選択肢はないといえるでしょう。

⑤　事業パートナー

「事業パートナー」とは、提供価値に必要となる事業活動のうち、自社でできない部分や、自社で担うことが得策ではない部分を任せる外部企業を意味します。たとえば、仕入先や業務委託先等が該当します。「事業パートナー」に関しては、「パートナー確保の確実性」「機能の適合性」「パートナーとの関係性」「パートナーの安定性」「パートナーの代替可能性」が主な論点となります。

a　パートナー確保の確実性

ここではまず「必要となるパートナーを確実に押さえられそうか」を考えます。事業パートナーの種類は原料供給元や外部委託先等、多岐にわたりま

すが、これら外部との協業により、競争優位性を生み出している場合も少なからずあります。

安定した原料を安価に調達できることが、顧客のオーダーに柔軟に対応できる強みの一部をなしているようなケースや、価格競争の厳しい業界において、自社でやるとコスト高になる加工工程を外部委託に頼っているようなケースがそれに該当します。

それらの重要な役割を担う事業パートナーを確実に確保できるかは、事業の成否に大きな影響を与える可能性があるので、確認が必要です。

b　機能の適合性

次に「想定しているパートナーは自社が期待する機能を有しているか」を考えます。

事業パートナーを活用する場合、事業パートナーにどのような機能を期待しているかをしっかり把握しており、その期待する機能を十分に担える事業パートナーと組めているかを確認する必要があります。

近年ではASEAN市場での事業展開が活発ですが、当該市場でのチャネル戦略を見直したいというクライアントも増えています。海外市場での流通は現地の卸や代理店に任せきりにしてきたが、それらが必ずしも期待どおりの働きをしていないという不満をよく伺います。しかし、よくよく確認してみると、その卸や代理店は現地の企業であるというだけで、どのような機能をもっているか十分に吟味せずに選択していたというケースも多々みられます。

単に、現地の事業パートナーや対象とする業界の事業パートナーを押さえていればよいというだけでなく、それら事業パートナーが、期待する機能を担える相手かどうかを確認しておくことは重要です。

c　パートナーとの関係性

次に「パートナーとの関係性は良好であるか」「双方の利害が一致しているか」を考えます。

自社にとって有益なパートナーを押さえている場合、そのパートナーとの

関係を良好に保つことは重要です。それには取引関係が Win-Win であり、双方の利害が一致していることが重要です。どちらかの犠牲によって成り立っている関係は健全とはいえませんし、もし自社の都合で、無理な取引条件を通そうとすれば、事業パートナーは他社との取引を優先するでしょう。

お互いにメリットのある取引関係をつくりだせており、長期に安定的な取引関係を築けそうであるかを確認する必要があります。

d パートナーの安定性

次に「パートナーの経営は安定的であり、長期にわたっての取引が可能か」を考えます。

仮に、事業パートナーと良好な関係が築けたとしても、事業パートナーの業績や財務基盤が不安定であれば、安定的な取引関係は望めません。また事業パートナーに悪い評判があれば、社員の定着率が悪く、安定したオペレーションが期待できないかもしれません。長期に安定的な取引関係を維持するためには、パートナーの経営の安定性を確認する必要があります。

e パートナーの代替可能性

最後に「パートナーに過度に依存せず、代替パートナーの選択肢をもっているか」を考えます。

特定の事業パートナーに過度に依存していれば、事業パートナーとの関係において何か問題が生じた場合のリスクも大きくなります。いざというときの代替手段を有しているかを確認する必要があります。

5 収益構造のチェックポイント

収益構造とは、当該ビジネスにおいて、最終的に「どうやって稼ぐか」を意味します。収益構造は「収入」と「コスト」で構成されますが、以下、各構成要素について、検討すべき論点をみていきたいと思います（図3－5）。

図3−5 収益構造の論点

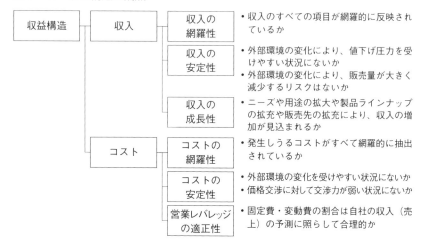

① 収　　入

　「収入」は商品やサービスの供給による提供価値に対して受け取る対価を示します。「収入」に関しては、「収入の網羅性」「収入の安定性」「収入の成長性」が主な論点となります。

a　収入の網羅性

　ここではまず、「収入のすべての項目が網羅的に反映されているか」を確認します。複数の顧客群や複数の商品・サービス体系からもたらされる収入がもれなく反映されているかを確認します。特に複雑な課金体系を採用している場合、適切に集計されているかに注意が必要です。

b　収入の安定性

　次に「外部環境の変化により、値下げ圧力を受けやすい状況にないか」「外部環境の変化により、販売量が大きく減少するリスクはないか」を確認します。

　収入の安定性には「価格」と「数量」の双方の観点が必要です。

　価格の変動要素はさまざまです。一般的に需給や製品ライフサイクルが大

きな要素になりますが、それ以外にも為替や原料相場の影響を受けやすく、構造的に価格のボラティリティが高いビジネスもあります。

また再生可能エネルギーのように制度（固定買取制度）に大きく依存しているビジネスや、海外品との内外価格差が大きく、関税に守られているようなビジネスも一見安定してみえますが、中長期的にはリスクのあるビジネスといえるでしょう。

数量の変動要素も多くの要因が働きます。季節変動等の外部環境の影響を受けることはよくありますが、そのなかでも特にその影響を受けやすいビジネスは注意が必要です。

以前氷菓メーカーの方より、「氷菓の売上はゴールデンウィークの天候が重要」との話を伺ったことがあります。この時期に味を覚えた消費者が、夏の需要期を迎えて消費するのがその理由だそうです。

またアパレル業界は高価な重衣料による売上構成比が大きいので、暖冬は業績を直撃します。

一方縮小が見込まれる内需型産業は、インバウンド需要に期待するところが大きいですが、為替の影響を受けやすいため、過度に依存すると収入のボラティリティを大きくする要因になります。天候に限らず、不確実性の高い外部環境に影響を受けやすいビジネスはリスクが高く、注意が必要です。

c 収入の成長性

最後に「ニーズや用途の拡大や製品ラインナップの拡充や販売先の拡充により、収入の増加が見込まれるか」を確認します。

当初は特定のターゲット顧客を想定し、特定の商品・サービスに注力したとしても、新たな販売先への横展開が可能であるのか、また商品・サービスに拡張性があるのかによって、事業展開の広がりが違います。その後の事業展開のイメージがないと仮に最初うまくいってもその先が尻すぼみになりかねません。

特に新規事業の場合、当初は使える経営資源が限られるため、「スモールスタート」にならざるをえません。その後どのように順次拡大していくか、

最終的にどういう姿を目指すか、具体的なイメージをもてているかは非常に重要です。具体的にどのような成長可能性が考えられるかの確認は必要です。

② コスト

「コスト」はバリューチェーンにおける社内外の事業活動の結果、自社に生じるすべての費用を示します。「コスト」に関しては、「コストの網羅性」「コストの安定性」「営業レバレッジの適正性」が主な論点となります。

a　コストの網羅性

まずここでは、「発生しうるコストがすべて網羅的に抽出されているか」を確認します。

「事業構造」のすべての構成要素は「コスト」に直結します。

ここでの大きな抜けもれは後に致命傷になりかねません。バリューチェーンにおける社内外の事業活動により、社内に発生するすべてのコストが適切に認識されているかを確認することは重要です。

b　コストの安定性

次に、「外部環境の変化を受けやすい状況にないか」「価格交渉に対して交渉力が弱い状況にないか」を確認します。

海外の材料を主原料としているビジネスは為替の影響を大きく受けます。また金属相場や原油相場の影響を大きく受けるビジネスもあります。労働集約的なビジネスは、これまで多くの企業が人件費の安い新興国に製造拠点を移転してきましたが、それにより現地の人件費の高騰が業績に影響を与えます。

コストのなかの主要な費目の価格の安定性は損益に大きな影響を与えるので注意が必要です。

また仮に仕入業者から値上げ要請を受けたときに、仕入先の選択肢が少ないと交渉が不利になります。代替供給源を有しており、主要原料等が安定的な価格で供給を受けられるかは重要な視点です。

c　営業レバレッジの適正性

最後に「固定費・変動費の割合は自社の収入（売上）の予測に照らして合理的か」を確認します。

「営業レバレッジ」については前章で解説しましたが、売上増加局面においては、固定費の比率の割合を大きくしたほうが利益を確保しやすい半面、売上減少局面においては、固定費の比率が大きいと大きな損失につながりやすくなります。

売上高の趨勢にあわせてコスト構造を変えていくことも必要ですが、そもそも売上高のボラティリティが大きいビジネスにおいては、固定費を抱えるリスクは大きいといえます。

事業特性や収益見通しに適したコストの構成になっているかに注意を払う必要があります。

上記2～5のとおり、ビジネスモデルの各構成要素をみていくと、これらすべてにおいて、問題がないといえるビジネスモデルを設計するのはむずかしいと考えることでしょう。しかし、大切なのはこれらをすべて完璧にクリアすることではありません。もちろんそれができるに越したことはありませんが、それは現実的には困難です。

むしろ大切なのはこれらすべてがもれなく検討されていること、その結果、明らかになったリスクを正しく認識しておくことの2点です。

すべてのリスクを潰し込むことに時間をかけ過ぎていると、大事な商機を失いかねません。

最終的にいくつかのリスクは残るという状況のなかで、そのリスクを見極め、融資判断をする必要があると考えておいたほうがよいでしょう。

6 ビジネスモデルの整合性のチェック

　ビジネスモデルの各構成要素に対するチェックができたところで、次に「ビジネスモデルの整合性」について考えていきたいと思います。

　ここでは、ビジネスモデルのフレームワーク全体を俯瞰して、それぞれの構成要素が相互に整合しており、合理的なビジネスモデルが描けているかを確認します。

　整合性を確認すべきは主に以下の6つのチェックポイントです（図3－6）。

① 事業領域の合理性
② 提供価値と収入の関係性
③ 提供価値と事業構造の関係性
④ 事業構造とコストの関係性
⑤ 事業構造の合理性
⑥ 収益構造の合理性

① 事業領域の合理性

　ここではまず「ターゲット顧客」と「提供価値」の関係性に着目し、商売がそもそも成り立つかを確認します。つまり「顧客はこの価値を欲するか」を考えます。

　そのためには顧客はどのような人物像であり、どのようなものに好んでお金を使う傾向があり、なぜこの価値には関心を示すといえるのかを合理的に説明できないといけません。

　「きっと売れるだろう」と思っていてもなかなか思うとおりには売れないのが商売です。この段階で強い確信をもたずして、この事業を始めるために投資をするかと考えると心許ないものがあります。

図3-6 ビジネスモデルの整合性のチェックポイント

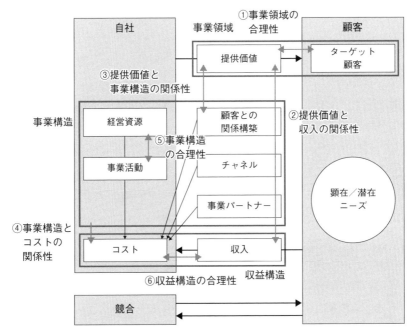

(出所) アレックス・オスターワルダー&イヴ・ピニュールの「ビジネスモデル・キャンバス」より編集

　もしこの段階で自信をもって説明できないとすれば、「顧客像があいまいであるか」「提供価値があいまいにしか描けていないか」のいずれかの問題があります。

　実際に私たちがみた例では、インテリア商材を販売している会社が、タワーマンションに住む住人をイメージして商品カテゴリーをデザインしておきながら、消防法で高層マンションで使用する商品に求められる防炎機能を具備している商品点数が少ないという「ターゲット顧客」と「商品」のミスマッチが起きていました。同じインテリア商材でも、小さい子どもをもつ若い夫婦を「ターゲット顧客」とするならば、シックハウス症候群の原因となるホルムアルデヒドの放散量の少ないF☆☆☆☆の認定を受けている商品

のほうが、より顧客に好まれるでしょう。「ターゲット顧客」が求める価値を商品やサービスとして具現化できない限りはなかなか売上にはつながりません。

　「事業領域」を検討する際に、ターゲット顧客のニーズを起点に「提供価値」を考え、それを商品やサービスに落とし込んで検討している場合は、大抵「ターゲット顧客」と「提供価値」の関係性は合理的に説明できます。しかし問題は、保有技術や自社材料などのシーズを起点に「提供価値」ではなく、「商品」や「サービス」を検討している場合や、単に既存製品の機能強化やスペック向上により製品を開発している場合です。このようなケースでは、この説明に窮することになります。この「事業領域の合理性」については、自信をもって説明できない限り前に進めるべきではありません。

②　提供価値と収入の関係性

　次に、「提供価値」と「収入」の関係性に着目し、その「提供価値」に対する売上高の蓋然性を確認します。ここで「収入」という言葉はあくまでも自社の視点からみた言葉なので、顧客からみると「コスト」になります。ここでは顧客を主語に「顧客はその価値にその金額を払うか」「それだけの数の顧客がその価値を欲するか」と考えるのが適切でしょう。

　つまり重要なのは「提供価値」と「価格」とのバランスです。私たちがみてきたなかでも、いくつかこのバランスを失ってしまった事例があります。

　ある消費財メーカーの販売不振の原因を分析したところ、平均売価が上がった結果、売上を落としているという現象が明らかになりました。原因を調査したところ、クライアントの「値決め方式」が、コストの積算にマージンを上乗せして算定する方式であり、原材料の質を上げた結果がそのまま売価に反映されていることがわかりました。この価格設定は売り手都合のやり方です。この例では材料の質を上げることが顧客にとって「提供価値」の向上につながっていなかったのに価格を上げてしまったため、「提供価値」と「価格」とのバランスが崩れ、顧客の離反を生んだといえるでしょう。

一方で、反対に価格設定ありきで商品開発をした結果、「提供価値」が不十分になってしまうという例もあります。ある外食チェーンでは、店舗収益を改善させるために、売上に対する材料費と人件費の比率であるFL（Food and Labor cost）比率の基準値の遵守を各店舗に厳命しました。それにより、各店舗では材料の質を落としてFL比率を達成するということが横行しました。

　その結果、顧客の離反が進み、売上が落ちるという現象が起きていました。この例も「提供価値」と「価格」とのバランスが崩れたという点で同じ現象です。

　ビジネスモデルのフレームワークをみれば、「提供価値」と「価格」は対であることは明白です。このバランスは十分に確認していただきたいと思います。

　一方、顧客の要求水準を「提供価値」が超えると、その先は「提供価値」の競争から、価格の競争に移ります。「提供価値」はあくまでも、売り手の論理ではなく、顧客の"体感価値"である点は留意していただきたいと思います。

　また反対に、「価格」もその「ターゲット顧客」の可処分所得によって受け止められ方が違うので注意が必要です。たとえば、顧客層を若年層にシフトした一方で、価格帯が変わっておらず、モノが売れなくなっていたという消費財メーカーの事例もあります。

　一方、数量面では、想定する「ターゲット顧客」がどれくらいの市場規模を形成し、そのうち、どれだけの人に実際に購買してもらえるかを順序立てて考える必要があります。

　実際にその数値の正確性について議論することはむずかしいと思いますが、取引先が市場規模をどのように見極めて、そのなかの一定割合をどう獲得しようとしているのかは確認が必要です。その市場規模や獲得シェアの見込みが楽観的過ぎないかをチェックすることが大切です。

　もちろん、商品やサービス（すなわち「提供価値」）が同じでも「価格」が

第3章　ビジネスモデルの有効性評価

下がれば、商品やサービスに対する割安感が生じて、売れる「数量」が増えるので、「提供価値」と「数量」「価格」の関係は、これら全体のバランスをみながら総合的に考える必要があります。

③　提供価値と事業構造の関係性

次に「提供価値」と「事業構造」の関係性に着目し、「提供価値をその事業構造で実現できるか」を考えます。

AmazonのようにBtoC向けに多頻度少量の取引を大規模に行う企業は、最先端の物流センターを保有してそのオペレーションを支えています。2014年12月に米国で公開されたAmazonの「第8世代」と呼ばれる物流センターでは、1万5,000台のロボットが導入され、圧倒的な効率性と大幅なコスト削減を実現しています。これも「ワンクリックでほしいモノが短期で届く」というAmazonの「提供価値」を実現するための手段です。

Amazonはこのような大型投資により、安定的な配送を実現する仕組みをつくりあげていますが、物流業界では、繁閑の差が大きいため、繁忙期の人手の確保が常に大きな課題となっています。特に日本では、年末のお歳暮や年賀はがき、加えてクリスマスプレゼントの配送が重なる時期においては、その物量はピークを迎えます。この繁忙期の対応に問題があると顧客からの信頼を失いかねませんが、一方そうはいっても、常に余剰の人員を確保するわけにもいかないので、この舵取りは困難です。

Amazonの活用するロボットは、この物流業界の積年の問題を解決する切り札になりそうです。新たなテクノロジーの活用により、事業構造のあり方は変化していきます。

「提供価値」に競争優位性がないとビジネスは成功しませんが、その価値の提供を実現するのが「事業構造」です。「事業構造」はすべて「コスト」に直結するので、いかに安く効率的に行うかというところに目がいきがちですが、「事業構造」自体が「提供価値」を高め、競争力の源泉にもなります。「提供価値」と「事業構造」との関係性についても注意していただきた

いと思います。

④　事業構造とコストの関係性

次に「事業構造」と「コスト」の関係性に着目します。ここではまず「そのコストで事業構造は実現できるか」を考えます。「提供価値」を実現するのが「事業構造」であるならば、その「事業構造」の実現に必須となるのが「コスト」です。ここでの見落としは後に採算性を見誤る要因となります。

また、「事業構造」のすべての構成要素は「コストを最適化する方法が選択されているか」を確認する必要があります。ここでは各構成要素一つひとつではなく、「事業構造」全体を通して、「コストを最適化する方法が選択されているか」を確認しておく必要があります。特にバリューチェーン全体を俯瞰し、「内製／外製の選択により、よりコスト効率のよい方法はないか」は重要な観点となります。

⑤　事業構造の合理性

次に事業構造における各構成要素「経営資源」「事業活動」の2つの関係性（正確には「事業パートナー」の「経営資源」「事業活動」も含む）を整理し、「事業の重要成功要因（KFS）に照らして事業構造が合理的であるか」を考えます。

事業には、その事業固有の重要成功要因（KFS）があります。たとえば、前章で述べたように、調剤薬局は店舗の立地確保がきわめて重要です。そのようなKFSを満たすことができる店舗開発に強みのある事業構造が構成されていれば、その事業はより成功に近いといえます。

その「事業構造がKFSを満たしているか」をチェックするには図3－7のような見方が有効です。

図をみていただくと、まずビジネスモデルのフレームワークにおける「事業構造」をより具体的に可視化するために、縦軸に「利用可能資源」、横軸にバリューチェーンの各ファンクションをとっています。

横軸のバリューチェーンにおける主たる活動は「ビジネスプロセス」ですが、この「ビジネスプロセス」は業界や企業によって異なりますので、実態にあわせてカスタマイズして作成します。そして企業の活動はこのような主活動のオペレーションだけではありません。企業の経営方針を考え実行する「マネジメントプロセス」と、資金を調達して投資・回収する「資金管理プロセス」があります。これらを含めたプロセスにおける一連の機能を横軸に配置します。

　次に縦軸に「利用可能資源」を配置しています。これには社内でもつ「内部経営資源」だけでなく社外の協力先から得られる「外部ネットワーク」の活用も含みます。

　「内部経営資源」とは、一般的にヒト（人材）・モノ（設備）・カネ（資本）

図3－7　事業構造の合理性チェックのイメージ

		経営企画	経営管理	事業企画	開発
	重要成功要因（KFS）				●
内部経営資源	人材		●		
	設備				
	資本				
	ノウハウ				
	クレジット		●		
外部ネットワーク	顧客基盤				
	取引先基盤				
	事業パートナー				
	グループ企業				KFS

※マネジメントプロセス：経営企画～事業企画／利用可能資源：縦軸全体

（注）●：事業の強み。

といわれますが、ヒト・モノ・カネ以外にこれまで獲得してきたノウハウや、長年培ってきたクレジットのような無形なモノも考慮する必要があります。

「外部ネットワーク」とは、安定した顧客基盤や取引先基盤等、取引関係の相手もいれば、合弁事業等で協業する事業パートナーや資本関係のあるグループ企業も含まれます。

企業が活用できるのはこれらすべてです。

そして、この２軸のマトリクスにおいて、「事業の強み」があると判断される個所に簡便的に●印を打っています。

そうすると、企業の活動におけるどのプロセスにおいて、どの利用可能資源に基づく強みがあるかが可視化されます。

施工	調達	集客	サービス	企画	調達	投資回収
			●	●	●	●
			●			
			●			
			●			
		●				
		●				
	●					
	●				●	

ビジネスプロセス / 資金管理プロセス

第3章 ビジネスモデルの有効性評価

一方で縦軸の最上段には、当該事業を成功させるための重要成功要因（KFS）が配置されています。横軸の3つのプロセスの各機能において、どこがKFSになるかを表しています。

しかしこの図の例においては、事業の各プロセスにおいて用いることのできる、事業強みとなる利用可能資源を複数もっているものの、肝心のKFSに該当する「開発」にかかわる強みを有していません。このままでは、「ビジネスの成功可能性」に疑義がついてしまいます。このような場合は、「開発」に強みをもつ人材の採用や、外部パートナーの招聘を考えることが必要です。

このように、事業のKFSに照らして、強みとなる経営資源を保有しているかを確認することで、合理的に事業構造が設計されているかを確認することができます。

⑥ 収益構造の合理性

最後に「収入」と「売上」の関係性に着目し、「結果として、利益が出る算段となっているか」を考えます。

「売上」は「提供価値」により決まり、「コスト」は「事業構造」により決まりますが、それぞれ導かれた「売上」と「コスト」のバランスにより、最終的に採算がとれそうかを確認します。

ここで採算性が悪いと判断された場合は、「コスト」を見直しますが、その場合「事業構造」にさかのぼって見直しを図ることになります。その際も「提供価値」を損なうことなく、「提供価値と事業構造の関係性」を考慮しながらの検討になります。

最終的には採算性が見込めるかどうかは、複数年度の事業計画を作成してみて、キャッシュフローが生み出せているかどうかで判断しますが、この段階でも採算性を見極め、同時に資金負担が大きく、資金の循環が悪そうな収益構造になっていないか、みておくとよいでしょう。

以上、これらの6つのチェックポイントについても、抜けもれなく検討さ

れているかが重要です。このように、ビジネスモデルのフレームワークを用いて、9つの各構成要素のそれぞれをチェックし、そのうえで全体を俯瞰して相関性をチェックすれば、ビジネスモデルにおける脆弱性が洗い出せます。

「2　検討の網羅性チェック」でも述べましたが、ここでもリスクをすべて潰し込むのが目的ではありません。検討に時間をかけ過ぎるのは、ビジネスの時機を逸しビジネス自体の成功確率を下げる結果となるので、得策ではありません。

抜けもれが多ければきちんとした確認が必要ですが、まずはリスクの所在が明確となり、審査上、判断すべきポイントが絞り込まれていることが大切です。そのうえで、融資すべきか迅速に判断し、早期にビジネスを推進できるように支援することが重要です。

7　イリジウムはなぜ失敗したか

さて、第1章で取り上げた衛星電話のイリジウムですが、当時としては大変画期的なサービスを開発したにもかかわらず、成功しなかったのはなぜでしょうか。

イリジウムの失敗には、いくつかの原因が考えられます。

まず、イリジウムの想定していた顧客はだれだったのでしょうか。イリジウムは「グローバルに活躍するビジネスマン」をターゲット顧客にしていたといわれていますが、テレビCMで訴求していたイメージは砂漠や雪山での通話シーンです。これをみると、本気で「グローバルに活躍するビジネスマン」のための製品と考えているようにはみえません。提供価値は「世界中どこでも通話できる」と大変明確ですが、「ターゲットの明確性」は疑わしく、技術主導で顧客不在の製品開発であったようにみえます。

イリジウムの構想においては「1分当り3ドル程度の通信料金であれば、100万人の加入が見込まれる」としていたようですが、結果は最大でも6万人程度にしか達しませんでした。

　ハンドセットの価格設定は3,500ドルと高額であり、それをみるとたしかに「グローバルで活躍するビジネスマン」のように、一部の限られた人をターゲットとしているようにも思えます。しかし、もしそうだとすると100万人の加入という見込みは楽観的といわざるをえません。もう少し幅広い層を相手にするならば「提供価値と収入の関係性」の説明は合理性を欠いているといえます。

　これらの矛盾が、50億ドルという巨額の設備投資を回収可能とする根拠の説明に埋め込まれていたわけですから「収益構造の合理性」は不十分といわざるをえません。

　一方、競合他社の動きを見誤ったという点も大きな失敗の要因としてあげられます。競合するセルラー方式の携帯電話はどんどん発展し、通話領域を広げ、一方小型化も進みました。"ブリックサイズ（煉瓦大）"といわれたイリジウムの不便さが目立つようになり、そもそも携帯電話としての"携帯性"において、大きな不利となりました。

　それらの結果として、イリジウムの事業は最終的に2,500万ドルで売却されました。つまり設備投資額50億ドルの実に0.5%の価格で取引されたことになります。

　すでにお気づきだとは思いますが、これらすべての問題は、ビジネスモデルのフレームワークを用いれば、事前に検知しうる内容です。

　イリジウムの例は、ビジネスモデルの見方を解説するために、あえてわかりやすい例として取り上げていますが、このような大規模な事例でなくて、地域金融機関の取引先でも同様のことが起こりえます。実務上の検討においても、ぜひフレームワークを当てはめて検討してみていただければと思います。

第4章

ビジネスモデルの有効性評価における留意点

1 ビジネスモデルの有効性は外部環境に依存する

　前章では、ビジネスモデルの有効性評価のアプローチについて解説してきましたが、ビジネスモデルの有効性を判断するうえでは、いくつか重要となる視点があります。

　ここではそれらの留意すべき点について述べていきたいと思います。

　まずビジネスモデルが有効であるかどうかは、多分にその時の「外部環境」に依拠するので注意が必要です。「外部環境」とは、事業を運営するうえで自社ではコントロールできない外的な要素を示します。

　私たちはビジネスモデルが有効であるかどうかを判断するうえで、意識せずとも現状の「外部環境」を前提に考えています。

　この「外部環境」がビジネスモデルにどのような影響を与えているか、今後与えうるかは非常に重要な検討項目です。

　企業の業績が悪化するよくあるパターンとして、過去に有効であったビジネスモデルが外部環境の変化によって陳腐化するというケースがあります。市場が求めるものが変わってきているのに、提供している商品やサービスがそれに対応していなかったり、競合企業の台頭によって自社の競争優位性が低下しているにもかかわらず、依然として自社本来の強みに依存していたりすることで、過去のように思うような収益をあげられなくなっているパターンです。

　そうすると、企業はこれまでどおりのことをしても、これまでどおりの収益があげられなくなります。

　私たちが取り組んできた事業再生の案件の多くが、このパターンに該当します。業績が悪いと周囲は、経営者が"間違ったこと"をやっていると厳しくみますが、むしろやっていることは過去において"正しいこと"をそのままやっているケースが多く、外部環境の変化に対応して、やり方をうまく変

えることができていないというのがより正確な表現です。

「ビジネスモデルの有効性」を評価するうえでは、このビジネスモデルがどのような「外部環境」の前提のもとに成り立っており、その前提は継続的であるのか、変わるリスクがあるのかを見極めておく必要があります。

外部環境には大きく「マクロ環境」「市場環境」「競争環境」の3つが存在します（図4－1）。

「市場環境」とは、対象となる製品・サービスのマーケットやそれを構成する顧客の動向を表します。

市場が拡大すれば売上を伸ばすチャンスに恵まれますが、市場が停滞・縮

図4－1　ビジネスモデルに影響を与える外部環境

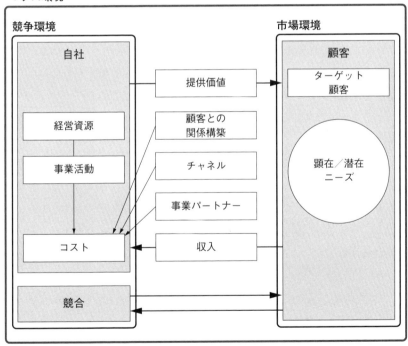

（出所）　アレックス・オスターワルダー&イヴ・ピニュールの「ビジネスモデル・キャンバス」より編集

第4章　ビジネスモデルの有効性評価における留意点　79

小すれば、売上を維持するのが困難になります。以前、とある小売業の経営者が、デフレ環境での自社の状況を「下りエスカレーターをのぼるようだ」と語っていたことを記憶していますが、業界全体として、収益をあげにくい時期を迎えることも想定されます。

また市場（顧客）が求めるものや顧客の嗜好が変化すれば、売れるモノの傾向が変わります。

それらの変化に対して企業は、「ターゲット顧客」を見直したり、「提供価値」を高めたり「コスト」をコントロールしたりして、柔軟に対応する必要があります。

「競争環境」とは、市場を分け合う競合他社の動向を表します。

競合他社が技術開発により新たな製品を投入すれば、製品の競争優位性が脅かされますし、競合他社が戦略フォーカスを見直し競争が激化すれば、自社の顧客を奪われるリスクもあります。

また競合他社がM&Aにより新たな経営資源を獲得したり、業界再編により寡占化が進んだりすれば、業界のパワーバランスが根底から変わることもあります。

ほかにも競争環境の変化には、新規事業者の参入や代替品の市場参入等の脅威も含まれます。

このように競争環境の変化はさまざまなかたちで自社のシェアを脅かしてきます。企業はこれらの変化に対して、「提供価値」を高めたり、「事業構造」を見直し「コスト」を抑えたりする等、競争優位をより強固にすることを考え、最終的に、厳しい環境下でも利益を捻出する仕組みをつくりあげる必要があります。

「マクロ環境」とは、より大きな視点で世の中全体の動きを示します。

「マクロ環境」を知るには、政治（P：Politics）、経済（E：Economics）、社会（S：Society）、技術（T：Technology）の4つの観点からみるPEST分析を用いるのが一般的です。

政治（P）とは、法律や規制や政策の変化による影響を表します。近年で

は新興国に進出する企業も多くなっていますが、予期せぬ規制や税制の変化等、ゲームのルールが変わることで、急に収益をあげられなくなり、撤退を余儀なくされる例も数多くみられます。

　中国の反日感情の高まりによって、多くの企業が海外戦略の見直しを迫られたのも、皆様の記憶にまだあるでしょう。

　経済（E）とは、景気動向や、為替や株価、金利や原油価格の動き等による影響を表します。為替は、企業の海外における営業戦略だけでなく、生産拠点の配置にも影響を与えますし、原料価格の高騰は企業のコスト構造を圧迫します。

　社会（S）とは、少子高齢化等の人口動態や流行等によるライフスタイルの変化による影響を表します。ほかにも人々の健康意識やエコへの意識等、顧客心理に影響を与える要素が強いので、特に「市場環境」への影響が大きいといえます。

　技術（T）とは、イノベーションや新技術等による影響を表します。その業界固有の研究開発や生産技術の進展もさることながら、近年のデジタル技術の発展が取引形態や物流形態に至るまで、さまざまなかたちでオペレーションに影響を与えます。その結果、ビジネスモデルそのものの構造をガラリと変える必要性が生じる可能性があることも、予期しておく必要があります。

　この「マクロ環境」は、「市場環境」や「競争環境」が波の動きだとすると、潮の流れのような大きな流れです。企業は、この「マクロ環境」が「市場環境」や「競争環境」、もしくは自社の内部環境（コスト構造等）にどう影響を与えるか、またその変化の時間軸はどうかを見極めて、対応策を考える必要があります。

　米国のインキュベーター企業であり、20年間に100社以上のベンチャー企業を立ち上げたアイディアラボ社のCEOビル・グロス氏は「新規事業にとっていちばん大切な要素はタイミングだ」と語っています。

　たとえば、世界中で空き部屋をもつ宿泊場所の提供者（ホスト）と宿泊場

所を探している旅行者（ゲスト）をつなぐウェブサービスを提供するAirbnbは世界的な大成功を収めていますが、当初は多くの投資家が見向きもしなかった案件であったといわれています。その理由は、投資家のだれもが「だれも自宅の空部屋を他人に貸さないだろう」と思っていたからです。

ビル・グロス氏はそのAirbnbが大成功を収めた理由として、不況のどん底に起業したために、副収入を必要とした人が多かったこと、すなわち、タイミングがよかったことをあげています。

またビル・グロス氏は、オンラインのエンターテインメント企業のZ.comは潤沢な資金を集め、素晴らしいビジネスモデルをつくりあげたにもかかわらず倒産し、そのわずか2年後にYouTubeが成功を収めたことについて、Z.comが事業を始めた当時の米国ではブロードバンドの普及率が低過ぎたのが失敗の原因であり、ブロードバンド普及率が50％を超えたタイミングでYouTubeが登場し成功を収めたと指摘し、ビジネスの成功に必要なのはやはりタイミングだと語っています。

事実、ビジネスは時宜を得ないとなかなか成功しませんし、外部環境の見極めは重要です。潮の流れである「マクロ環境」が味方する事業は、のぼりエスカレーターをのぼるがごとく、成功しやすいといえるでしょう

しかし、ビジネスにおいて「外部環境」の動きはコントロールできないため、環境の変化により、潮目が変わることも織り込む必要があります。経営は常に順風満帆ではないので、重要なのは「厳しいときにいかに乗り切るか」です。

「ビジネスモデルの有効性」を評価するうえでは、前提となっている「外部環境」の見立てのなかで、変化が予期されるのは何かを見極め、その場合の備えはできそうかを、あらかじめ考えておくことが重要です。

2 提供価値には賞味期限がある

　これまで本書では、ビジネスモデルのフレームワークのなかでもとりわけ重要なのが「提供価値」であると繰り返してきました。提供価値が顧客に対する影響度、すなわち顧客にとっての「体感価値」が大きければ、ウォークマンやiPodのようなヒット商品が生まれ、大きな収益を生む可能性があります。

　しかし、その顧客にとっての「体感価値」がいかに大きくても、それが長続きしないと一過性のブームとなり、大きな収益をあげることができません。

　どんなに素晴らしい「提供価値」を生み出すことができたとしても、残念ながら提供価値には賞味期限があるということを認識する必要があります。それはどんな便利さ、心地よさにも人は慣れてしまうという現実があるからです。

　たとえば、携帯電話が普及する以前は、仕事中にだれかに連絡をしても、相手が不在であれば、帰社した後の折り返しを待つのが普通でした。携帯電話が普及した当初はどこにいても連絡をとれることは素晴らしいことでありましたが、いまでは相手がすぐに捕まらないことに苛立ちを覚えると思います。

　このように「提供価値」はその普及に伴って、顧客にとっての"ありがたみ"がなくなり、「体感価値」が減衰するのが常です（図4－2）。どんなに素晴らしい「提供価値」を生み出しても、その普及の時間軸により、賞味期限が決まるのが現実です。

　スターバックスの日本1号店が出店したのはいまから約20年前ですが、当時はチェーン店ながらもおしゃれな内装で、本格的なドリップコーヒーを提供する店舗として一世を風靡しました。スターバックスは「自宅」と「オ

図4-2 商品・サービスの普及率と顧客の体感価値の関係

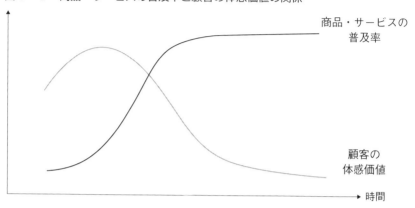

フィス」の間にある「サードプレイス」を提供するというコンセプトに基づき、都市生活者が自宅とオフィス以外に一個人としてくつろげる空間をつくりました。そこには落ち着いた空間にゆったりとしたソファーが置かれ、ジャズやボサノヴァが流れる。そして、おいしいコーヒーを五感で味わうために禁煙とされました。当時は国内男性の喫煙率が58%といわれていましたし、コーヒーを嗜むのは男性のほうが多いことを考えると、かなり思い切ったターゲットの絞り込みをしています。それでも「快適なサードプレイスを提供する」ことがスターバックスの「提供価値」でしたので、この「提供価値」に忠実な店舗をつくりあげたといえるでしょう。

　しかし、このように素晴らしい店ができると模倣されるのが世の常です。スターバックス自身もいまや国内に1,200店舗を数えるほど出店しておりますが、類似の店舗もまた同様に数を増やしています。これにより、スターバックスの"ありがたみ"は相対的に薄れてきています。

　ビジネスにおいては、その「提供価値」の賞味期限を読み間違えると、過剰な在庫や過剰な設備投資、そして余剰人員等に苦しめられることになります。よって、世の中に新しい「提供価値」を生み出すときには、同時にその賞味期限を考えておく必要があります。

それは通常、普及する時間軸と相関します。

　つまりビジネスモデルにおいて、最も競争力を生みやすく、成功に寄与しやすい要素が「提供価値」である一方、最も陳腐化しやすく、躓きやすいのがこの「提供価値」です。成功を継続し、収益を生み続けるためには、新たな「提供価値」を創造し続ける努力が必要だということです。

　さて、"ありがたみ"が薄れてきたと述べたスターバックスですが、米国・英国ではすでにアルコール販売が開始され、日本でも2016年3月に丸の内新東京ビル店でのアルコール販売が始まりました。前述のとおりスターバックスは「サードプレイス」として落ち着ける空間を提供することをコンセプトとしてきましたので、会話が賑やかになったり、食器が音をたてたりする食事やアルコールの提供は控えてきました。出店による成長が限界にくれば、客単価を上げる方法を考えるのが常套手段ではありますが、この試みは新たな「提供価値」を生み出すようで、既存の「提供価値」を大きく損なうリスクを伴う判断といえます。もちろん熟慮の末の判断とは思いますが、成長の踊り場にきたスターバックスのこの施策がどのような結果をもたらすのか、見守っていきたいと思います。

3　競争を勝ち抜く事業戦略の考え方

　優れたビジネスモデルを生み出すと、競合他社に模倣されたり、競合他社がそれを参考にまた新たなビジネスモデルを生み出したりします。そのような厳しい競争環境を企業はどのように生き抜けばよいのでしょうか。

　日本にコンビニエンスストアが登場したのはいまから約40年前です。日本のコンビニエンスストアの草分け的存在はセブン‐イレブンですが、コンビニが世に出た当時はまだ早朝や深夜には、店はどこも閉まっており、その名のとおり朝7時から深夜11時まで買い物できるセブン‐イレブンはユニーク

な存在でした。初期のテレビCMで「開いててよかった」というフレーズが使われていたのを私も記憶していますが、セブン-イレブンは当初その営業時間により差別化を図っていました。しかし成功すれば、模倣する競合企業が現れますし、やがて時が経ち、どこのコンビニも24時間営業が当たり前の世の中になると、もはやこの差別化要素は跡形もありません。しかし、それでもセブン-イレブンは売上も収益性も圧倒的に業界ナンバーワンです。

　売上高は4兆円を超え、2位のファミリーマート、3位のローソンの約2兆円の2倍もの規模を誇っています（いずれも2015年度実績）。

　当然セブン-イレブンは店舗数も圧倒的に多いわけですが、店舗当りの平均日販65万5,000円はファミリーマートやローソンより20〜30％高い水準にあります。セブン-イレブンは40年経って、なぜまだ業界ナンバーワンでいられるのでしょうか。

　企業が競争優位を保持するためには、「戦略的ポジショニング」「組織の能力」の2つの方法があります。

　「戦略的ポジショニング」とは、同じ業界内においても、他社にないユニークなポジションを築くことで、競争の少ない状況をつくりだすことを意味します。つまり、自社にとっての「事業領域」を工夫することで競争環境を与しやすいものにします。

　たとえば、レストランの「俺のイタリアン」「俺のフレンチ」等の「俺の」シリーズは高級料理を安価にカジュアルに提供するというポジションを築きました。食材以外のコストを最大限圧縮するために、当初は立食形式とし、狭いスペースに顧客を詰め、かつ回転率を上げることに成功しました。顧客にとっては、カジュアルな空間で、高級食材を安くたらふく食べられます。従来の高級料理は優雅な空間でゆっくり楽しむものという既成概念を打ち破った非常にユニークなコンセプトです。

　このように「戦略的ポジショニング」をうまく用いれば、アイディア1つで他社との大きな差別化を生むことができる方法です。

　一方「組織の能力」とは、トヨタ生産方式のような無駄のないオペレー

ションや、日本の製造業の摺合せ技術のように、連綿と受け継がれ、高度化されてきた能力を意味します。つまり、「事業構造」の強みにより、競争優位性をつくりだします。

これらはできあがったオペレーションや技術そのものの高度さに注目されがちですが、長年にわたって学習し、改善し続ける仕組みが社内に備わっていること自体が「組織の能力」と考えるほうが適切でしょう（図4－3）。

さてこの「戦略的ポジショニング」「組織の能力」の2つの方法ですが、「戦略的ポジショニング」はアイディア1つで比較的に短期間につくれる一方で、すぐに模倣されるリスクがあります。一方で「組織の能力」は構築するのに長い年月を必要としますが、その分模倣するのが困難になります。

経営資源が乏しく、歴史の浅いベンチャー企業はまず「戦略的ポジショニング」により、競争優位を築く必要があると思いますが、残念ながら、この「戦略的ポジショニング」には賞味期限があります。「戦略的ポジショニング」により競争優位を築いている間に「組織の能力」に移行し、長きにわたって競争優位を保持する型をつくりだす必要があります。

セブン－イレブンの創業当初の長い営業時間やコンパクトな店舗で限られた品目の商品を売る形態は「戦略的ポジショニング」でしたが、もはやそれは差別化にはなりません。一方、セブン－イレブンはこれまでの長い歴史の

図4－3　競争優位の生み出し方

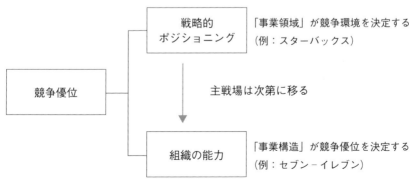

間、さまざまな取組みにより「組織の能力」を磨いてきました。

　1つは有名なPOS（Point of Sale）の活用です。セブン－イレブンは世界で初めてマーチャンダイズ・マーケティングにPOS情報を活用したといわれていますが、POS情報により、売れ筋製品を知るといわれているのはあまり正確ではないようです。セブン－イレブンの強みは徹底した仮説検証能力にあります。

　セブン－イレブンではアルバイトでも、ある程度経験を積むと発注を任されます。セブン－イレブンには、全国に2,000名を超えるOFC（Operation Field Counselor）と呼ばれる店舗経営相談員がいて、フランチャイズの加盟店に対して経営コンサルティングを行っています。このOFCが加盟店のオーナーと綿密なコミュニケーションをとり、店舗ごとに異なる立地や顧客層、そして天候や気温や地域の行事（祭り、学校の運動会等）を加味しながら、品揃えを考え、仕入れを決めていきます。そして、この結果を検証するのに用いるのがPOSシステムのデータです。セブン－イレブンはこの仮説検証能力を長年にわたって磨いてきており、それが競争力を生む「組織の能力」の1つといえます。

　また、近年ではオペレーションから商品開発に軸足を移しており、PB商品「セブンプレミアム」の売上は売上高全体の2割強を占めています。セブン－イレブンの粗利が年々改善しているのも「セブンプレミアム」の構成比の増加によるといわれています。

　セブン－イレブンの商品開発力やオペレーション力の強さは明らかで、コンビニコーヒー1つとってみても、店舗当り1日100杯と競合他社の1.5倍程度の販売量を誇っています。

　セブンカフェ開発時には、味の素ゼネラルフーヅと共同で、外食など200社のコーヒーの味を徹底的に分析し、飲みやすさと飲みごたえの最適なバランスを導き出したそうです。またドリップマシーンに関しても、富士電機と2年がかりで開発し、省スペースで、45秒で抽出でき、かつメンテナンスも5分（従来は1時間程度）という、顧客の利便性と店頭の扱いやすさを同時

に改善するマシーンを開発しました。

　コーヒー1つをとってみても、セブン−イレブンの商品開発とオペレーション開発への妥協なきこだわりがあり、このようにしてできあがった商品とオペレーションが全国最大の店舗網に展開されていく、これがセブン−イレブンの「組織の能力」であり、強さの源泉です。

　このように「組織の能力」で差をつけられてしまうと、競合他社は簡単には追いつけません。ビジネスモデルを検討するうえでは、中長期にわたって成功する方法を考えなくてはいけません。「戦略的ポジショニング」により、競合他社に先行する間に、「組織の能力」で安定的な競争優位を築く、そのような戦略シナリオが描けているかどうかもチェックするとよいでしょう。

　余談ですが、コンビニ業界では最近、デジタルテクノロジーの活用により、セブン−イレブンの「組織の能力」に挑む動きもみられます。ローソンは人工知能（AI：Artificial Intelligence）を用いて、商品の販売予測を行い、仕入れに活用する方向です。「マクロ環境」のPEST分析のくだりで解説したように「テクノロジーの変化」がコンビニ業界のオペレーションを変え、「競争環境」を変えようとしています。

　これまでのセブン−イレブンの「組織の能力」である仮説検証モデルに、デジタル技術を用いてローソンが挑む、今後どのような展開となるのか、コンビニ業界から目が離せません。

4　事業ライフサイクルによるアプローチの違い

　これまで本書では、事業性評価の対象となる事業の状況については、特段触れずに「ビジネスモデルの有効性評価」の基本となる考え方について解説をしてきました（図1−2再掲）。

図１－２（再掲） 事業性評価の構成要素

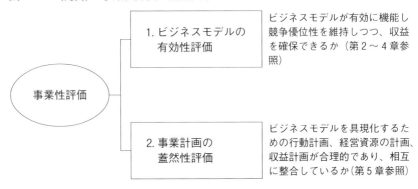

しかし、「ビジネスモデルの有効性評価」をするうえでは、対象となる事業がライフサイクルのどこに位置しているかにより、アプローチが少し異なるので注意が必要です。

事業のライフサイクルとは、事業が立ち上げられて（創業期）、軌道に乗って拡大し（成長期）、安定した収益をあげながらも成長は鈍化し（成熟期）、その後、利幅の低下や売上の減少を迎える（衰退期）という、事業の生涯における段階を意味します。

通常、事業性評価に基づく融資を求められるのは主に「成長期」と「衰退期」の２つです。「成長期」においては、これから立ち上がるビジネスがはたして成功できそうなのかの「成長可能性」を見極める必要がありますし、「衰退期」であれば、現状では収益性が芳しくない事業が回復できるかどうか「改善可能性」を見極める必要があります（図４－４）。

この２つのケースにおいて、「ビジネスモデルの有効性評価」のアプローチが少し異なります。

これまで、ビジネスモデルは「ビジネスの設計図」と述べてきましたが、「成長期」にある「新規事業の成長可能性」を評価する際には、手がかりはこの「設計図」しかありません。

よって、この「設計図」に基づき、これまで述べてきたように「検討の網

図4－4　ライフサイクルによる事業性評価の違い

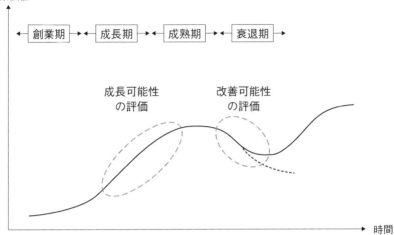

羅性」「ビジネスモデルの整合性」「ビジネスモデルの実現性」を検討していきます。

　しかし「衰退期」にある「既存事業の改善可能性」を評価する場合には、既存のビジネスモデルがすでに存在し、それに基づき事業を運営してきた結果のデータが蓄積されています。

　よってこの場合は、過去の実績データに基づき、ビジネスモデルが有効に機能したかを検証するアプローチをとることが可能です。これにより、過去における実際の「ビジネスモデルの有効性」の結果を反映した、ビジネスモデルの再設計を行います。

　「衰退期」にある「既存事業の改善可能性」の評価においては、この過去の実績を分析し、その洞察から現時点の窮境要因をとらえることがきわめて重要です。金融機関の皆様には、取引先から事業改善案を相談されたり、事業再生計画の提出を受けてそれをチェックしたりするような場面があると思いますが、そのようなときには、取引先が「窮境要因をどう総括しているか」を十分に吟味する必要があります。

私たちが事業再生を要するコンサルティング案件に取り組むときに、最も力を注ぐのはこの窮境要因を明らかにすることです。作業工数でいえば、事業再生計画をつくりあげるまでの７〜８割を割いています。その理由は、この窮境要因を読み間違えると、その後に検討する施策が効果を生まなくなるからです。

　これは、私たちが病気を治すことを考えれば、容易に想像がつくと思います。たとえば、私たちが病院にいって、医者がもし誤診をしてしまえば、その後の治療や投薬は効果をなしません。しかし残念ながら、業績不振の会社の多くは、この原因分析への踏み込みが甘く、問題点の特定や原因の分析もそこそこに施策を考え、実行します。その結果「やっても、やってもうまくいかない」と悩む結果となっています。

　このように「衰退期」にある「既存事業の改善可能性」を評価する場合は、過去の実績データの分析が加わる分、「成長期」にある「新規事業の成長可能性」を評価する場合とアプローチが少し異なります。

　さらに、ここでの窮境要因を吟味する作業は、「既存事業の改善可能性」において非常に重要ですので、この点を十分に留意していただきたいと思います。

5　既存事業の改善可能性評価の留意点

　前述したように、金融機関の皆様が、「既存事業の改善可能性」を評価する場面においては、取引先が「窮境要因をどう総括しているか」を十分に吟味することは重要です。ここでは、そのような場面で何をどうみるべきか、少し補足したいと思います。

　業績が悪くなっている会社のビジネスモデルをチェックすると、大きく２つのパターンがあります。１つは「ビジネスモデルにそもそも欠陥がある」

場合と、もう1つは「外部環境の変化によりビジネスモデルが陳腐化している」場合です。

前者は、ビジネスの設計が悪いにもかかわらず、市場の拡大等の時流に乗って何となくうまくいってきたが、追い風が止まって失速している状況です。この場合は、「ビジネスモデルの有効性」をチェックしていけば、すぐに問題点は明らかになります。

後者は、過去においてビジネスモデルが有効に機能し、一定の成功を収めたものの、外部環境の変化により競争優位性を失い、またそれに対応できておらず、業績がズルズルと悪化している状況です。この場合は、「過去、ビジネスモデルが機能していた時から、外部環境にどのような変化があったか」「外部環境の変化により、ビジネスモデルのどの部分が機能しなくなっているか」を明らかにする必要があります。

いずれの場合もヒントは過去の実績にあります。過去の実績データに基づき、ビジネスモデルの何が機能し、何が機能していないのかを分析し、窮境要因を的確にとらえることが必要です。

金融機関の皆様が取引先の「窮境要因の総括」をチェックする際に、必ず確認してほしいのが下記の3点です。
① 窮境要因が「事実」に基づき十分に分析されているか
② 問題の本質（キー・メカニズム）が明らかになっているか
③ 問題点に対する合理的な施策が立案されているか
以下、それぞれについて述べていきたいと思います。

① 窮境要因が「事実」に基づき十分に分析されているか

業績不振の多くの企業が、そのような状況に陥り、また抜け出せないでいる主な原因は、主に自社の問題点とその原因を的確にとらえていないことにあります。

事実、自社の問題点とその原因の特定があいまいなまま、勘と経験に基づき施策を打ってきた結果、効果ある打ち手が選択されていないケースはよく

みられます。

　前にも述べたとおり、人はだれしも過去の経験則に基づき判断する傾向があります。新たな問題や課題に直面したときに、無意識に過去の経験に基づき考えます。よく「過去の成功体験にしがみつく」といわれますが、そうではなく、それ以外の方法を知らないか、そこにしか目がいかないのです。

　企業で働く従業員にはそれぞれのキャリアパスがあり、よく「いまの社長は営業畑だ」とか「彼は技術者上がりだ」などといわれます。会社が大きくなればなるほど、経験に偏りができますし、すべての問題は過去の経験によりできあがった思考回路により検討されます。これ自体はきわめて自然なことです。しかし、たとえば売上減少局面において、社長が営業出身者であれば営業にハッパをかけ、開発出身者であれば製品を見直すというのであれば、問題点を起点とした解決策とはいえません。

　それを克服するために、過去のデータから「事実」に基づき問題点を適切にあぶり出し、それに働きかける解決策を導くことが大切です。

　以前私がコンサルティングを実施した企業において、社長に「売上の減少が止まらない。ウチは営業マンが力不足なのでよくみてくれ」といわれ、調査した結果「営業マンより商品開発の問題のほうがより深刻」という結論を出したことがあります。

　この場合は「問題の原因」以前に「問題の特定」に誤認があったわけですが、いずれにしても、問題点とその原因を的確にとらえないと効果的な施策は導けません。

　そのような問題点やその原因の誤認を回避するためには、「事実」に基づく分析と洞察が必要です。金融機関の皆様が、取引先から事業の問題点の話を聞くタイミングでは「なぜそれが問題と思うか」を確認していただきたいと思います。「問題をどう解決するか（How）」を考える前に「何が問題か（What）」を考えることはきわめて重要です。

② 問題の本質（キー・メカニズム）が明らかになっているか

　私たちが事業再生計画を策定する際に、窮境要因の分析に多くの工数をかけることは前にも述べましたが、その時、私たちが明らかにしようとしているのは「業績悪化のメカニズム」です。

　私たちが事業再生計画を立案する場合は、通常図４－５のようなアプローチをとります。

　まず初めに、財務諸表やその他の管理データを分析し、どのような結果となっているかを調査します。財務諸表を経年でみて、ある時点から売上が落ちていれば、たとえばどの店舗がどの程度落ちているか、いつからその傾向があるか、それは客数・客単価のどちらが落ちているか等を掘り下げて分析していきます。同様に損益が悪いのはどの製品なのか、それはコスト構造のどこに問題があるのか等を詳細に把握していきます。このように結果である財務を商品・店舗・顧客・チャネル等の観点から分析し、何が起きているかの"現象"を「事実」に基づき把握します。

　そのうえで、その"現象"をもたらしている"原因"を探ります。業績と

図４－５　収益改善計画作成のアプローチ

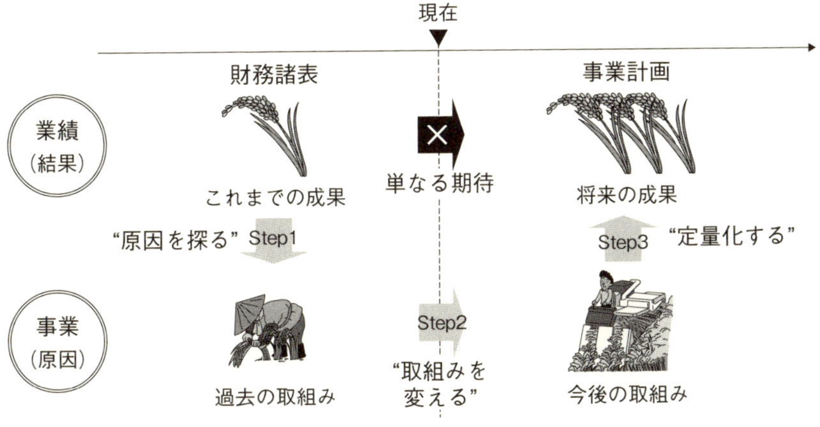

いう結果の原因は事業にあります。それは事業面で何をしていたからか、何が起きていたからか、それぞれの事業活動とその結果にはどのような相関があるかを分析し、そのメカニズムを明らかにします（Step 1）。

次に、問題の原因が特定できたら、それに対して何に取り組むべきかの具体的な課題を設定し、問題の根本原因に直接的にメスを入れる施策を考えます（Step 2）。

最後に、取組みを変え、施策を具体的に実行するとしたら、だれがいつ何をやるのかのアクションプランを立て、それを実行したときの施策効果を算定します。そのうえで、それを収益計画に落とし込み、業績がいつまでにどの程度回復できそうか見極めていきます（Step 3）。

このなかで、私たちが最も重要と考えるのがStep 1です。Step 1では「事実」である「業績（結果）」と「事業（原因）」を対比し、その因果関係（メカニズム）をひもときます。それにより、事業の何が問題であり、その結果業績にどのような影響を与えているかを見極めていきます。

世界最大といわれる米国ニューヨークのスローン・ケタリングがんセンターの院長であった、ルイス・トーマス博士が残した言葉に以下のようなものがあります。

「あらゆる病気には、ほかのすべての機序に優先するたった1つの鍵となる機序（キー・メカニズム）がある。もしそれを見つけ出し研究することができれば、私たちは病気というものを支配（コントロール）できるのだ」

事業の再生においても考え方は共通すると思います。「業績悪化のメカニズム」のなかでも、より重要な"キー・メカニズム"を特定することで、業績改善に向けたより大きな歯車を動かすことができます。

「問題点が20個あるので、それぞれに20個の施策を実行します」というのは一見理に適っているようで、"キー・メカニズム"が把握できているとはいえません。私たちの取り組む案件においては、重要なポイントは大抵3つ以内に絞り込まれます。20個の表出している問題は実は因果関係でつながっており、整理をすれば問題の根っこがわかります。

取引先の窮境要因においては、「問題の本質（キー・メカニズム）」を煎じ詰めて考え抜かれているかを確認していただきたいと思います。これが見極められていれば、おおよそ問題解決はみえていると考えてもさしつかえありません。

③　問題点に対する合理的な施策が立案されているか

　最後に、導かれた施策の合理性を確認しますが、実は①②がしっかりできていれば、ここはさほど大きな問題にはなりません。

　問題点をしっかり見極められていれば、おのずと打つ手は決まってきます。ここではその問題点を解決するための施策として、「納得性のある打ち手が選択されているか」と「それは実現可能な打ち手なのか」を考えていきます。

　私たちは業績改善に向けて事業の問題点を検討する場合、営業や製造など、関係する現場のヒアリングを実施します。そして、問題点が明らかになり、解決策を立案するタイミングで再度現場とで膝を詰めてディスカッションをします。そこには大きく3つの意図があります。

　1つは分析の結果を用いて、「認識の齟齬がないことを確認するため」です。

　現場の皆様には「事実」に基づく分析結果を共有し「こんなことになっていたのか」と理解をしていただきつつ、「これが問題の原因だ」というお互いの認識をあわせます。

　もう1つは「施策の実行可能性を確認するため」です。この問題を解決するための打ち手はこれでよいのか、この施策を実行したら、いつ、どれくらいの効果を見込めるのかをお互いに確認します。

　そして最後に「現場のコミットメントを得るため」です。「これならやれる、やろう」という気持ちを現場にもっていただかないとすべての施策は絵に描いた餅です。実行することとその効果目標に対するコミットメントを得ることは最も重要です。少なくとも現場のリーダーがその施策に納得し、賛

同し、実行にコミットしている状態を確認する必要があります。

　金融機関の皆様は現場に入り込むことはないと思いますが、そのようなコミットメントが現場から得られているのかを確認しておく必要があります。指揮官の思いだけでなく、現場の士気がなくては、事業のむずかしい局面を乗り切るのは非常に困難です。

　以上、繰り返しになりますが「衰退期」における「既存事業の改善可能性」を分析するためには、過去の実績に基づく、窮境要因の特定が重要です。そのためには、①窮境要因が「事実」に基づき十分に分析されているか、②問題の本質（キー・メカニズム）が明らかになっているか、③問題点に対する合理的な施策が立案されているか、の3つの観点から、取引先の「窮境要因の総括」が適切であるかをチェックしていただきたいと思います。

第 5 章

事業計画の蓋然性評価

1 事業計画のみるべきポイント

　第1章で述べたように、私たちは、金融機関における事業性評価は「ビジネスモデルの有効性評価」「事業計画の蓋然性評価」の2つの要素で構成されると考えています（図2－1再掲）。

　本書では、前者の「ビジネスモデルの有効性評価」について、第2章、第3章でその考え方と評価においてみるべきポイントをご紹介してきました。

　一方、後者の「事業計画の蓋然性評価」についてはこれから本章でご紹介しますが、金融機関の皆様であれば実務上、事業計画をチェックするご経験を十分におもちであると思います。よってここでは冗長な説明は避け、私たちが特に注意を要すると考えている点に絞ってお話していきたいと思います。

　事業性評価において描かれているビジネスモデルがどのように実現されていくか、その結果どのような業績推移になるかは、最終的に事業計画として表されていくことになります。

　通常の与信判断においては、財務諸表を中心に検討されると思いますが、この財務諸表は過去の結果を示しているにすぎません。事業性を評価するた

図2－1（再掲）　ビジネスモデルの構成要素

めには、当然ながら将来の見通しが重要であり、「事業計画の蓋然性」の評価に重きが置かれます。

しかしここで問題は、財務諸表が過去における「事実」であれば、事業計画が将来に対する「見通し」でしかない点です。その「見通し」の精度をいかに上げることができるかが本章におけるポイントです。

ここでいう「事業計画」とは「行動計画」「経営資源の計画」「収益計画」の3つを総称して用いています。

事業計画において、最終的に重要なのが「収益計画」です。収益計画は貸借対照表（B/S：Balance Sheets）、損益計算書（P/L：Profit and Loss Statement）、キャッシュフロー計算書（C/S：Cash Flow Statement）の財務三表の将来計画になりますが、それらに基づき、事業が将来安定的にキャッシュフローを生み出し、事業として存続できるかを判断します。

しかし、そこで予定される収益を実現するためには、計画された事業活動が適切に実行されないといけません。その事業活動を「いつ」「だれが」「何を」やるかの具体的な計画を「行動計画」と呼んでいます。

そして、その「行動計画」を実行するためには、必要な「人材」「設備」「資金」「ノウハウ」等の経営資源が必要です。この経営資源を「いつ」「どのように」手当していくかを示すのが「経営資源の計画」です。

本書では、「行動計画」「経営資源の計画」「収益計画」の3つを総称して「事業計画」と呼んでいます。金融機関の皆様と会話をしていると、財務三表の「収益計画」を指して「事業計画」と呼ばれる方もいらっしゃいますが、本書では用語を分けて、明確に区別したいと思います。

この「事業計画」において、「行動計画」「経営資源の計画」「収益計画」の3つの構成要素の相互の整合性はきわめて重要です（図5-1）。

以下、それぞれの整合性について、事業計画をどのようにチェックすべきかみていきたいと思います。

図5－1　事業計画のチェックポイント

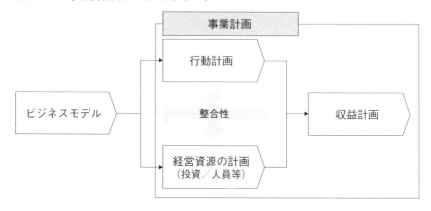

① 「行動計画」と「収益計画」の整合性

　「事業計画の蓋然性」を高めるうえで、最も重要なのが「行動計画」の策定です。この「行動計画」があいまいな会社ほど「収益計画」に書かれているのは"計画値"ではなく"目標値"となっています。

　たとえば、事業再生計画において「○○費、10％削減」というのが、具体策なしに書かれているとしたら、これはただの"目標値"です。施策効果の算定には、具体的な施策が示されていることが必要ですが、それだけでは足りません。その施策を、いつだれがどのような手順で実行するかを明らかにする必要があります。それを示すのが「実行計画」です。

　ビジネスモデルを実際の業務に落とし込むうえでは、新規事業の立ち上げの場面でも、既存事業の収益改善の場面でも、定常業務以外の作業が発生します。

　通常これをプロジェクト化し、プロジェクトチームを組成して実行推進しますが、「収益計画」にはプロジェクト実行後の成果が織り込まれている一方で、そこに向けた具体的な道筋が「行動計画」に記されていなければ、「収益計画」の計画値は疑わしいといわざるをえません。

よって「行動計画」において「いつ」「だれが」「何を」するかを明確に定義していきますが、実際はそれだけではプロジェクトはなかなか機能しません。というのも、プロジェクトメンバーは専任であることはまれであり、現業をもちながらの作業になります。また、それぞれの現業においても、通常はさまざまなトラブルやイレギュラー対応がありますので、プロジェクトの作業は後回しになりがちです。そしてその結果は、プロジェクト進捗の大幅な遅延となって表れます。

事業性評価に基づく融資判断は、事業計画に大きく依拠しますので、プロジェクト進捗の遅延は施策効果の遅延となり、キャッシュフローの予測を見誤らせます。

まずは、取引先に対して「行動計画」の有無を確認し、なければ「いつ」「だれが」「何を」するかの検討を促していただきたいと思います。そのうえで、それら「行動計画」と「いつから」「どの程度の」財務効果が生まれるのかの「収益計画」との整合性を十分にチェックしていただきたいと思います。

通常、施策実行には投資や費用が先行し、施策による財務効果は後から得られます。「効果のタイミング」は「行動計画」の各作業に依存しますので、この「リードタイムの予測」には十分に留意していただきたいと思います。

そして「行動計画」が予定どおりに実行されるためには、「行動計画」に示されている各担当者が、その担当作業と期待効果について、十分に認識し、コミットしていることが必須条件ですので、その点必ず確認してください。

そしてプロジェクトが実際に稼働したら、「行動計画」の進捗管理は怠らないようにしてください。金融機関の皆様にはここまで密にすべきとはいいませんが、私たちが新規事業の立ち上げや事業再生の実行の支援をする場合は、通常日次の行動計画表を作成し、少なくとも週次で進捗の確認をします。

この進捗管理は、取引先からみるとやや面倒なことかもしれませんが、これがペースメーカーとなって進捗が進めば、結果として取引先にも成果が得られます。最終的には、お互いに「やってよかった」と実感していただけると思います。

② 「行動計画」と「経営資源の計画」の整合性

　プロジェクトを立ち上げると、あれもこれも「やるべきだ」となり、膨大な作業が発生します。しかし前にも述べたとおり、プロジェクト専任の社員がいるわけではないので、メンバーは現業をもちながらの作業になります。

　さらに、取引先の規模が大きくなければ、プロジェクトメンバーといえど、そんなに多くの人数を集めることはできません。そうなると、特定の担当者に作業が集中することが想定されます。そこで確認してほしいのは、「そもそも、できそうもない計画になっていないか」です。

　「行動計画」においては、担当者が明示され、その担当者のコミットが得られていることが前提です。担当者自身は責任感をもって、すべてをやろうとしますが、時間の制約を考慮せず、無理な計画を組んでいるとすれば、それはプロジェクトのリスクです。このような担当者の心意気は素晴らしいのですが、この「行動計画」を前提に「収益計画」が作成されているのですから、「行動計画」が遅延する要素はできる限り排除しておく必要があります。

　「行動計画」の遅延を起こす最大の要素が「経営資源の制約」です。ここでいう「経営資源の制約」とは人的資源の不足だけではありません。ヒト・モノ・カネ・ノウハウすべてが対象です。

　「経営資源の計画」には「人員計画」「設備投資計画」「資金調達計画」を含みますが、これらすべての経営資源の充足度や不足している場合の補強可能性は「ビジネスモデルの有効性評価」でも確認しています。よって、事業計画においては、その不足している経営資源の取得時期の確認が重要です。その取得時期が行動計画の制約にならないかを含めて、現実的なスケジュールに落とし込まれているかを確認していただきたいと思います。

③ 「経営資源の計画」と「収益計画」の整合性

「収益計画」を達成するためには「経営資源」による裏付けが必要です。

たとえば計画において売上の増加を見込んでいるにもかかわらず、営業マンの補強があまりなされていないと「営業人員1人当り売上高」の指標が跳ね上がります。それに対して、営業の効率化等の施策が計画されていなければ、説明に合理性を欠きますし、まず実現不可能な数値となるでしょう。

このように、人員や店舗や機械設備等の設備のキャパシティや生産性に無理な前提がないかの確認は必要です。

また「経営資源の計画」において計画されている設備投資や人材の採用等に関するコストが、適切に「収益計画」に反映されているかの確認が必要です。

それは経営資源の調達コストそのものだけでなく、経営資源の取得に付随するコストにも留意が必要です。人員の増加は人件費だけでなく、福利厚生費やオフィス等のスペースコストや旅費交通費や事務用消耗品費等の活動費にも影響を与えます。

「収益計画」を策定するうえでは、一般的に、各費目にその金額に影響を与える「コスト・ドライバー」（販売数量・従業員数・店舗面積・営業時間等）を設定してコストを算定するので、そこに適切に反映されていれば問題はありません。

しかし、新規に調達する経営資源がある場合は、それによって「コスト・ドライバー」と「費目の金額」との関係が変わる場合もあります。それらが実態に即して、「収益計画」に反映されていることを確認していただきたいと思います。

2 収益計画のチェックにおける留意点

　「事業計画の蓋然性」をみるうえでもう１つ重要なのが、「数値予測の合理性」です。
　これまで述べてきたように、「収益計画」における各費目の数値は「行動計画」「経営資源の計画」との整合性をもって検討されれば、一定の合理性を担保することが可能です。
　しかしそれでも、「収益計画」には一定の見積りの要素が入ります。なかでも計画と実績の差異を生む最大の要因となるのが売上高の予測です。
　売上高の予測をする際には、新規事業であれば想定される市場規模とその成長性を見込み、それに対してどれくらいのシェアを獲得していけるか等を考えます。また既存事業であれば、過去の実績売上の推移に対してどう変化するかを考えます。これらはいずれも過去のなんらかの「トレンド」を参考にしています。
　過去のトレンドを参考にすることは正しいと思いますし、それに対して具体的な「行動計画」に基づく「施策効果」を加味すると合理的な売上計画となっているようにみえます。しかし気をつけたいのはトレンドの反映の仕方です。
　売上高の予測をする場合によく用いるのは、成長率です。たとえば、自社の売上の実績成長率や市場の成長率等です。なかでもよくみられるのが、過去の年平均成長率（CAGR：Compound Annual Growth Rate）に基づく方法です。
　これは一見合理的にみえて、非常にリスクの高い見方です。CAGRによる計算結果は、幾何級数的なカーブを描くので、売上拡大局面においては、計画の後半の年にいくにつれてより大きく成長し、売上縮小局面においては、計画の後半の年にいくにつれて下げ止まるグラフとなります（図５－

図5-2 CAGRによる売上高の増減

[売上拡大局面]

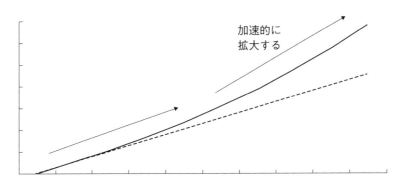

加速的に
拡大する

[売上縮小局面]

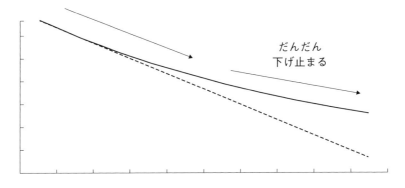

だんだん
下げ止まる

2)。

　特に売上拡大局面においては、毎年同程度の成長を見込んでいるようで、金額的には加速的な成長を見込んでいることになります。つまり計画年度の後半になればなるほど、挑戦的な数値となります。

　さらにCAGRの問題点は、過去5年なら5年間の初年度と最終年度の2点だけを取り上げて算定している点です。つまり期間内にトレンドが変わっていても、その変化は反映されません。

　もし過去5年間の成長がだんだん鈍化しているケースにおいて、計画に過

去5年間のCAGRを当てはめていると、売上高は、図5－3のグラフのような軌跡をたどります。

このグラフでは、計画期間の算定に実績期間と同じCAGRを用いていますが、これをみて売上計画値を合理的だと思えるでしょうか。

このように、過去のトレンドが一律でない期間は、CAGRを使うとミスリードになると理解する必要があります。ただし、かといって、年ごとの動きにあまり神経質になる必要はありません。年ごとの動きに多少のバラツキがあっても、中長期時にはこのトレンドといえる場合は、CAGRを使用することが可能です。

CAGRを用いるには、5年なら5年という期間を用いる合理的な根拠が必要です。

これはCAGRだけの問題ではありませんが、過去の成長率がこのような実績であったのはどのような背景があったかを十分に把握する必要があります。

たとえば、商圏の労働人口の増減や、可処分所得の変化、近隣商圏からの顧客の流出入、インバウンド需要の増加等が市場の規模にどのように影響し

図5－3　CAGRのとり方により起きる売上計画例

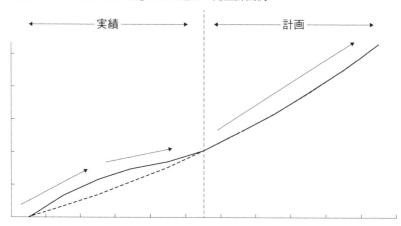

ているかをどう見極めているかを確認する必要があります。そして、そのなかの各要素、たとえばインバウンド需要なら、増加傾向が今後も続くのかどうかを考えてみると、置いてある数値の蓋然性が読み解けます。

　過去の一定期間と同じCAGRを用いるなら、その傾向が今後も続くとの前提を置いていることになりますので注意が必要です。

　このように市場規模を予測するにしても、過去の実績がなぜこのような傾向を示してきたかを適切に分析し、その洞察に基づいて数値を考えているかを確認する必要があります。

　CAGRに限らず、機械的に数値を置くことは危険です。取引先の数値をみるうえでは、このような数値の根拠をしっかりチェックするように留意してください。

　売上を考えるうえでの基礎となるトレンドの考え方を整理したところで、次に考えたいのが施策効果です。施策効果について見積要素を含むのは、たとえば、新規出店や営業人員の増強における売上増加等です。これらの施策効果に関しては効果の「規模」と「タイミング」の観点でチェックしていただきたいと思います。

　たとえば「収益計画」において、全社の売上高が、営業人員1人当り売上高と人数の掛け算で計算されていると、新たに加わった方も、初年度から既存の営業人員と同等の成果をあげるという前提を置いていることになります。

　一方で、営業部門の皆様にヒアリングする際に「通常、営業の方が入社されて一人前になるのはどれくらいですか」と聞くと「2年はかかる」等の答えが返ってきます。

　そうなると、仮に新たに加わる方が営業人員1人当り売上高をあげられるようになるとしても、そこに至るまでに一定の時間の売上見込みを見直す必要があります。それには時間だけでなく、トレーニングのコスト等を考慮する必要もあります。

　最後にコストについても少し触れたいと思います。コストはまず、前にも

述べたとおり「コスト・ドライバー」を用いて算定すると合理的な積上げができます。しかし一方で、この「コスト・ドライバー」の置き方にも注意していただきたいポイントがあります。

たとえば輸送費は、モノが売れた分輸送が必要となるので、変動費として売上高を「コスト・ドライバー」にし、売上高との比率で算定されている場合があります。

しかし顧客からの値下げ圧力が強く、一定の値下げを事業計画に織り込んでいる場合は、販売単価を下げた分売上は落ちますが、それに対する輸送費は落ちません。輸送量が変わらないからです。しかし事業計画上は経費が減少するように計算されるリスクがあります。売上は販売単価×販売数量に分解できますが、輸送費が相関しているのは、販売数量のみであり、販売単価には影響されません。それをよく考えずに売上高を「コスト・ドライバー」に設定してしまうと、コストを低く見積もるリスクがあります。

これは包装資材等の副資材にも同様に起こります。

このように、コストに関しては「コスト・ドライバー」として何を用いるべきかの合理性をチェックしていただきたいと思います。

少し細かい論点もありましたが、数値をみるうえでは見積りの仕方にいくつかの留意すべき点があります。すべてにおいて共通しているのは、「ビジネスの実態に即した数値の予測になっているか」の観点です。「事業計画の蓋然性」をみるうえでは、これらの点も確認していただきたいと思います。

終章

融資における事業性評価の活用方法

1　事業性評価の効果

　これまで事業性評価においてみるべきポイントを整理してみましたが、ここであらためて実務上、事業性評価をどのように活用すべきか考えてみたいと思います。

　「事業性評価」という用語を持ち出すと、何か新しいもののようにも聞こえますが、実際に地域金融機関においても「これまでやってきている」という方が多数いらっしゃるように、私たちも特別なものだとは思っていません。

　しかし、数々の地域金融機関の皆様との勉強会や研修等を通して、あらためて気づいたのは、地域金融機関の皆様のアプローチにある特徴です。

　事業性評価の研修等でみる限り、地域金融機関の皆様にとって、まず「事業計画の蓋然性評価」のように計画数値があり、それに対してロジックのエラーを見つけたり、問題点を指摘したりするのはお手のものです。私たちの出すケーススタディにも、期待した回答をほぼ完璧に返していただけます。

　次に「既存事業の改善可能性評価」に関するケーススタディについては、与えられた財務結果から事業の問題を導くところは、過去の経験により、着目する視点がまちまちになる傾向はあります。しかし一度、問題点の見つけ方をレクチャーすると、すぐに勘所を押さえ、次回からはほぼ完璧に会社の問題点を指摘してくれます。

　ただし、ここから解決策を考えてくださいというと、また個々人の経験により、回答の差がみられ始めます。

　そして地域金融機関の受講者の皆様にとって、最も取っ付きにくそうにみえるのが「新規事業の成長可能性評価」です。これはどこから手をつけようかと最初は少し戸惑われているようにも感じます。

　地域金融機関の皆様は、当然ながら財務数値をみる力は鍛錬されています

ので、ケーススタディを出しても、そのなかに財務数値が含まれていれば、まず例外なく数値の分析から入ります。グループワークをやっていても、まず全員が無言で数字の分析から始めます。類似のケーススタディを総合商社でやると、手を動かす前にまず、「市場がこうだ」「商流はこうなっている」という話から始まりますので、アプローチの違いは明らかです。

このように、地域金融機関の皆様の思考プロセスの起点には、常に財務数値がきます。

しかし、第4章「4　事業ライフサイクルによるアプローチの違い」でも述べましたが、「既存事業の改善可能性評価」においては、分析できる過去の実績データがありますが、「新規事業の成長可能性評価」には「ビジネスの設計図」であるビジネスモデルしかありません。

何の数値情報もなく、ビジネスを評価しなくてはならないというのが、地域金融機関の受講者の皆様にとって「新規事業の成長可能性評価」が取っ付きにくい要因であるかもしれません。

私たちも企業再生案件のコンサルティングを実施するときは財務数値の分析から入りますが、新規事業のときは外部環境やビジネスモデルの議論から入ります。研修に参加された皆様にとっては、この視点の切替えがいつもと違う思考回路を働かせるようで、新鮮味を感じていただいているように感じます。

そしてこの視点の違いは「既存の与信評価」と「事業性評価」の違いにもつながるのではないかと思います。

「既存の与信評価」と「事業性評価」の違いをあえて単純化すると「財務諸表」と「事業計画」の評価のウェイトだと思います。

それら2つの評価ではみる視点が違いますので、当然、評価結果も変わってきます。双方の視点から融資対象として「○」「×」と同じ結論が出る場合もありますが、異なる場合もあります。

もしここで、既存の与信評価上は「×」でも事業性評価をすると「○」になるとすると、これは視点を変えることで新たに見出される"ビジネスチャ

表終-1　事業性評価と既存の与信評価との関係

	既存の与信評価	
	○	×
事業性評価 ○	○	潜在機会
事業性評価 ×	潜在リスク	×

ンス(潜在機会)"と考えられます。

　一方、既存の与信評価上は「○」でも事業性評価をすると「×」になるとすると、これは"ビジネスリスク(潜在リスク)"となり、既存事業で生み出したキャッシュを流出する可能性があります。いずれにしてもこの"目利き"ができると取引先との付き合い方が、いい意味で変わってくるのではないかと思います(表終-1)。

2　実務における事業性評価の活用方法

　それでは実際に、事業性評価を実務上どう活かすかを考えてみたいと思います。

　これまで説明してきた事業性評価のアプローチを実務でどこまで使うのかについては、対象とする企業数により、大きく異なると思います。現実の問題として、対象とする企業数により、実務上そこにかけられる時間が決まってきますので、その制約のなかで考えざるをえないと思います。

しかし、どの深さで取引先と事業性を議論するかにかかわらず、本書でご紹介したビジネスモデルのフレームワーク等については、ぜひ取引先とのコミュニケーション・ツールとして活用して使っていただけると思います。

一般的な取引先とのコミュニケーションのイメージを取りまとめたのが図終-1です。

たとえば、取引先から新規事業の相談があった場合、ビジネスモデルのフレームワークを用いて、取引先の検討の抜けもれを抽出し（Step 1）、それに基づいて、インタビューを申し込み、実際の検討状況を確認します（Step 2）。

そして、そのインタビュー結果に基づき、「ビジネスモデルの有効性」を評価します。取引先のなかで、検討を深めたほうがよい項目があれば、取引先に検討を促すことは、取引先にとっても有益であると思います（Step 3）。

このコミュニケーションを繰り返すと、「ビジネスモデルの有効性」が次第に高まり、この新規事業における最終的なリスクの所在がはっきりしてくると思います（Step 4）。

最終的にはその絞り込まれたリスクをもとに、事業性を判断し、前向きな案件と考えられれば、「事業計画の蓋然性」を評価し、融資判断に役立てます（Step 5）。

図終-1　実務における事業性評価のアプローチ

Step1	Step2	Step3	Step4	Step5
確認事項の抽出	融資先インタビュー	再検討・改善依頼	リスク項目の特定	事業性判断
ビジネスモデルのフレームワークに基づき、確認点を網羅的に抽出する	Step1にて抽出した要確認事項をインタビューで確認する	ヒアリングで不明確な事項は、再検討を促し、問題点には改善を促す	再度確認した結果、依然として残るリスクを特定し、融資判断への影響を検討する	残存するリスクをふまえ、総合的な視点から事業性の最終判断をする

融資先とのコミュニケーションを繰り返す

このようにいままで漠然と危なっかしいと思っていた案件が「このポイントに気をつければ検討可能」と考えられるようになり、新たな融資機会が見出せるならば、これこそが事業性評価の最大の効能といえるでしょう。
　また、事業性評価の対象とする取引先数を絞れば、取引先とのコミュニケーションを密にして、ビジネスモデルを伴走しながら一緒につくりあげていくことも可能でしょう。
　いずれにしても、取引先のビジネスモデルをチェックするための視点を定めるうえで、本書のフレームワーク等をぜひ活かしていただきたいと思います。
　地域経済がなかなか上向かないなか、地域金融機関の皆様には、取引先の収益の改善や事業の成長を導く「コンサルティング機能」を発揮することが期待されています。
　そこで求められる"事業に対する目利き力"の強化に、私たちの経験が少しでも役に立てたらと考えたのが本書を執筆するきっかけとなりました。
　ぜひ本書を参考に、"事業に対する目利き力"を高め、1件でも多くの魅力ある事業を見出し、新たな地場産業の成長、ひいては地域経済の活性化にご活躍いただきたいと思います。
　本書が少しでも、皆様のお役に立てると幸いです。

企業のリスクを可視化する
事業性評価のフレームワーク

平成29年3月30日　第1刷発行

　　　　　　　　　　　　　　著　者　山　内　基　弘
　　　　　　　　　　　　　　　　　　土　田　　　篤
　　　　　　　　　　　　　　発行者　小　田　　　徹
　　　　　　　　　　　　　　印刷所　図書印刷株式会社

〒160-8520　東京都新宿区南元町19
発　行　所　一般社団法人 金融財政事情研究会
　　　　編集部　TEL 03(3355)2251　FAX 03(3357)7416
販　　　売　株式会社きんざい
　　　　販売受付　TEL 03(3358)2891　FAX 03(3358)0037
　　　　　　　　URL http://www.kinzai.jp/

・本書の内容の一部あるいは全部を無断で複写・複製・転訳載すること、および
　磁気または光記録媒体、コンピュータネットワーク上等へ入力することは、法
　律で認められた場合を除き、著作者および出版社の権利の侵害となります。
・落丁・乱丁本はお取替えいたします。定価はカバーに表示してあります。

ISBN978-4-322-13051-5